영업의 태풍을 만드는
확률세일즈

영업의 태풍을 만드는 **확률세일즈**

1쇄 발행 2016년 10월 20일
2쇄 발행 2017년 3월 20일

지은이 정원욱
펴낸이 김광열
펴낸곳 (주)스타리치북스

출판책임 이혜숙
책임편집 한수지
출판진행 안미성
편집교정 송경회 · 이주선
일러스트 김지혜
본문편집 다온컴퍼니
경영지원 공잔듸 · 권다혜 · 김문숙 · 김인호 · 김지혜
　　　　　김진영 · 김충모 · 문성연 · 박지희 · 백재희
　　　　　신자은 · 유다윤 · 이광수 · 이지혜 · 정은희
　　　　　정종국 · 한정록 · 황경옥

등록 2013년 6월 12일 제2013-000172호
주소 서울시 강남구 강남대로62길 3 한진빌딩 3~8층
전화 02-2051-8477

스타리치북스 페이스북 www.facebook.com/starrichbooks
스타리치북스 블로그 blog.naver.com/books_han
스타리치 잉글리시 www.starrichenglish.co.kr
스타리치몰 www.starrichmall.co.kr
스타리치 기업가정신 www.ceospirit.co.kr
홈페이지 www.starrich.co.kr

값 16,500원
ISBN 979-11-85982-31-1 13320

영업의 태풍을 만드는
확률세일즈

정원옥 지음

StarRich
Books

프롤로그

나그네가 길을 가다가 목이 말라, 한 농가에 들러 농부에게 물을 청했다.

농부가 건네는 물을 마시던 나그네는 늙은 개 한 마리가 어디 아픈지 끙끙대는 모습을 보았다.

"개가 어디 아픈 모양입니다. 끙끙대는 걸 보니…."
"아니에요."
"그런데 왜 계속 끙끙대는 겁니까?"
"아마 못 때문일 겁니다. 누워 있는 자리 밑에 못이 나와 있거든요."
"그럼 다른 데 가서 누우면 되지, 왜 그 자리에 누워서 저리 끙끙대는 겁니까?"

"글쎄요, 아프긴 한데 참을 만한 게지요."

어느 책에선가 본 이 글이 오랜 시간 기억에 남아 있던 이유는 자리를 옆으로 살짝만 비키면 될 것을 그렇게 하지 못하는 개가 안타깝고 한편으로, 세일즈를 하고는 있지만 오랜 시간 실패 속에서 아파하고 있는 나와 어딘지 모르게 닮은 구석이 있었기 때문이다.

스물네 살에 군대를 제대하고 얼마 지나지 않아 나는 영업이라고 하는 일에 발을 들여놓았다. 돈도 벌고 성공도 할 수 있을 거라고 생각하고 시작한 일인데 생활용품 유통·판매업, ○○회사 렌털 영업, 휴대전화 판매업, 건강식품 판매업, 우유 배달, 택배 등을 거쳤지만 어느 것 하나 변변하게 되는 일이 없었고 결과는 늘 참담했다. 영업은 스스로 실적을 만들어 내고 그것을 통해서 돈을 버는 자영업인데 실적이 없다 보니 돈을 제대로 벌지 못했고, 그 결과 지하 자취방을 벗어나지 못했다.

월세를 제때 내지 못해 늘 주인집 아주머니의 독촉에 시달렸고, 월세를 달라고 문을 두드려대는 아주머니의 눈을 피해 문 뒤에 숨어서 웅크리고 앉아 있다가 걸리는 수모를 겪기도 했다. 조금 있던 보증금은 밀린 월세에 보충되었고 그마저도 이사를 여러 번 다니다 보니 해마다 줄다가 급기야는 사라져버렸다.

50만 원을 벌어보고자 시작한 우유 배달 일은 새벽잠을 이기지 못해 새벽 배달이 아닌 오전 배달로 늦춰지면서 고객들의 강력한 클레임을 견디지 못하고 정리해고를 당하는 아픔도 겪었다.

전기, 가스, 휴대전화가 끊겼다 재개되기를 수차례…. 지하라 습기가 많아 때때로 보일러를 돌려 방을 말려야 하는데 가스가 끊겨 여름 내내 눅눅한 이불을 깔고 자면서 그나마 겨울이 아닌 것을 다행이라 여겼고, 밥값이 없어서 끼니를 굶을 때도 많았다.

일이 없어서 무작정 쉬는 백수의 시간….

한창 열심히 일해야 하는 젊은 사람이 어두컴컴한 지하방 벽에 등을 기대고 앉아 희망을 잃어버린 채 멍하니 천장만 바라보고 있다고 생각해보라. 얼마나 한심한 일인가!
아무리 열심히 해도 안되는 내 영업 인생이 서글퍼서 혼자 외롭게 숨죽여 울었고, 비 내리는 어느 날은 차 안에서 비가 눈물이 되도록 서럽게 울었다.

하지만 아무리 울어도 영업 실패는 계속됐고, 어느새 10년이란 세월이 훌쩍 흘러버렸다.

끝없는 어둠의 터널 가운데 있으면서도 내가 영업을 포기하지 못했던 이유는 부모님의 실패가 나의 실패가 되면 안 된다는 것, 내가 빨리 성공해서 가족들에게 도움을 줘야 한다는 것, 이대로 살다가 죽는 것은 너무 억울하다는 것과 더불어 가슴속 깊은 곳에 찬란하게 빛나는, 자유롭게 살고 싶다는 꿈 때문이었다.

그 꿈이 바닥에 처박혀 어린아이처럼 엉엉 울고 있는 나를 다시 IT 통신 영업에 재도전하게 했다.

이번만큼은 절대 실패할 수 없다는 절박함으로 '하루 20군데 무조건 신규 방문, 단 하루도 쉬지 않는다'는 두 가지 목표를 세우고 2009년 1월 1일부터 개척영업을 시작했다. 1년을 지속한 결과 10년의 실패는 드디어 종결됐고 내가 그동안 왜 영업에서 실패했는지, 어떻게 하는 것이 가장 효율적인 영업 방식인지에 대한 분명한 해답을 얻었다.

10년 동안 계속된 영업 실패가 단 1년이란 시간으로 인해 영업 성공으로 바뀐다는 것이 상식적으로 가능하다고 보는가? 믿기지 않을 수도 있지만 분명한 사실이다. 내가 알게 된 사실은 잘못된 영업 방법으로는 10년이 아니라 100년이 흘러도 안 되고, 반대로 올바른 영업 방법으로는 1년이면 충분히 성공할 수 있다는 것이다.

나는 이 책에 그 1년의 시간 동안 내가 경험한 모든 것은 물론, 내가 깨닫고 적용하게 된 영업의 올바른 패턴과 방법을 기술했다.

첫째는 세일즈가 아닌 확률세일즈에 관한 것이다. "세일즈는 알겠는데 확률세일즈는 뭐죠?"라고 묻는 사람이 많을 것이다. 영업은 '니즈'가 있는 고객을 만날 때 성공 확률이 높다. 그런데 열 길 물속은 알아도 한 길 사람 속은 모른다고 누가 니즈가 있는 고객인지 알 수가 없다. 만나는 사람 수를 늘림으로써 니즈가 있는 사람을 찾을 확률을 높이는 영업 방법이 바로 확률세일즈다.

나는 영업이 하나의 게임이라고 생각한다. 이 게임에서 승리하는 방법이 왜 세일즈가 아닌 확률세일즈인지, 그 정확한 이유를 내 경험과 여러 가지 사례를 통해 이 책에 기록했다.

두 번째는 개척영업에 관한 것이다. 영업하는 사람이라면 개척을 생각해보지 않은 사람은 없을 것이다. 그러나 실제로 시장을 개척하고 그 개척을 통해서 자신의 시장을 만들어낸 경험을 가진 사람이 많지는 않다. 왜냐하면 개척이 그리 만만치 않고 개척을 통해서 결과를 얻기까지는 오랜 시간과 고된 노력이 수반되기 때문이다.

필자가 1년 동안 개척영업을 하면서 겪은 약 5,000번의 거절과 실패를 통해서 알게 된 노하우, 즉 개척을 어떻게 시작해야 하는지, 어떻게 하면 개척을 통해서 자신의 시장과 고객을 만들어갈 수 있는지, 그 분명한 방법을 담았다.

세 번째는 정신력mental에 관한 것이다. 현장에서 일을 하다 보면 수없이 이어지는 고객의 거절에 자신감이 떨어지고 자존감에 상처를 입는 일이 아주 많이 발생한다. 영업을 잘하는 사람은 정신력을 잘 유지하는 사람이다. 냉대는 기본이고 거절은 기초인 차가운 현장에서 뜨거운 가슴과 차가운 머리를 어떻게 유지할 수 있는지 이 책을 통해 알게 될 것이다.

현재 나는 '모티브21'의 대표이자 현장에서는 영업하는 현직 세일즈맨이고 책을 쓴 작가이다. 또 '확률세일즈마스터'라는 휴먼 브랜드를 가지고, 영업하는 사람들에게 올바른 세일즈 방법을 알려주는 세일즈 전문 강사로 활동하고 있다.

이 모든 것의 중심에 '확률세일즈'가 있다. 특정 타깃을 목표로 하는 영업이라면 '확률세일즈'가 적용되지 않을 수 있지만 거의 대부분은 나처럼 고객을 만들기 위해 불특정 다수를 대상으로 영업을 할 것이다. 그렇다면 '확률세일즈'는 내게 그랬던 것처럼 당신에게도 많은 영역에서 변화를 가져다줄 수 있다.

책을 쓰고 강연을 시작하면서 여러 분야에 종사하는 많은 영업인을 만났다. 아이템, 성별, 나이는 다르지만 그분들이 하고 있는 고민을 들으면서 영업에 대해 내가 오랜 시간 했던 고민과 별반 다르지 않다는 것을 느꼈고, 그 해결책이 '확률세일즈'라는 확신이 시간이 가면 갈수록 더욱 깊어지고 있다.

20대에 세일즈를 시작해서 지금까지 십수 년을 세일즈맨으로 살면서 내가 얻은 경험과 지혜가 초보 영업자는 물론이고 영업을 오래 해온 많은 분에게도 자신의 꿈을 조금 더 빨리 만날 수 있는 지름길이 되기를 간절히 바란다.

004 프롤로그

1 날카로운 칼로 빛나는 사람이 현장에서 살아남는다

016 월요병 극복 프로젝트
021 결정적 영향을 미치는 영업인의 태도
026 30일과 15일
031 양과 질은 비례한다
036 오늘 할 일만 제대로 한다면 미래는 걱정할 필요 없다
041 수련과 단련
045 쓰레기통 비우기
049 자기를 믿는 훈련

2 영업이라는 게임에서 확률세일즈로 승리하는 방법

056 열 번 찍어 안 넘어가는 나무
061 의지가 강한 영업인 vs. 니즈가 없는 고객
067 설득하지 말고 이해시켜라
074 프로모터의 최강자
079 클로징의 의미

084 시간차 공격
089 거절을 견디어내는 갑옷
094 끄는 게임 vs. 끌려가는 게임

3 현장은 '절대 무장'을 한 사람에게 길을 열어준다

102 자부심이라는 속옷
108 확신이라는 셔츠
113 세상에서 가장 멋진 지속이라는 슈트
118 성실이라는 최고의 신발
123 '지금 당장' 정신
128 마지막 패까지 보는 정신

4 개척영업은 인생 개척이다

134 두려운 문 '개척영업'
139 개척 준비 사항
145 플랜, 그리고 시간이라는 자본금
150 순간을 가르는 힘, 명분
157 현장에 존재하는 두 가지 가치
162 태풍을 만들고, 태풍의 눈으로 들어가라
167 고독한 러너

5 인생 제2의 직업으로 영업이 1순위다

174 자영업에서 '자'를 떼면 남는 단어는 영업
180 웰컴 투 디 정글
185 당신은 영업 체질입니까
191 영업의 프로세스
196 칼은 사용하면 할수록 예리해진다
201 인생은 불공평할 수 있지만 영업은 공평하다
207 "조금만 더 하면 됩니다." 이건 거짓말이다
212 현장에서 멀어지면 꿈에서 멀어진다

6 영업은 현장이라는 땅에 꿈이라는 나무를 심는 일이다

220 현장이라는 무대
226 자가동력장치
231 행동이라는 불로초
235 폭풍을 이겨낸 명장
241 하나만 뚫으면 모든 문이 열린다
247 마른 수건에서 물이 나오게 하는 법
252 혁신이 별건가
257 사람의 진실은 말에 있지 않고 행동에 있다

262 에필로그

월요병 극복 프로젝트
결정적 영향을 미치는 영업인의 태도
30일과 15일
양과 질은 비례한다
오늘 할 일만 제대로 한다면 미래는 걱정할 필요 없다
수련과 단련
쓰레기통 비우기
자기를 믿는 훈련

월요병 극복 프로젝트

일주일에 일하는 날은 월요일부터 금요일까지 정확히 5일이다. 업무 특성상 주말에도 근무하는 경우가 있긴 하겠지만 대부분은 주 5일 근무를 한다.

영업은 시간이라는 자본금을 활용하는 일이기 때문에 어느 요일이 특별히 더 중요하다고 할 수는 없지만, 굳이 꼽자면 월요일이 아닐까 싶다.

월요일은 주말 동안 충전과 휴식의 시간을 보내고 맞이하는 첫날이어서 다른 날보다 더 활기차게 시작할 수 있을 것 같지만 오히려 그 반대인 경우가 많다. 더구나 월요일에는 이런저런 업무 회의로 금쪽같은 오전 시간이 훅 가고, 점심을 먹고 나도 몽롱한 상태로 오후 시간을 맞이하기 일쑤이다. 영업 현장에 빨리 내 몸을 적응시켜야 하는데 오전에 어영부영하다 보면 현장에 적응할 시간이 오후로 늦춰지면서 월요일 하루가 그저 그렇게 흘러가기 십상이다. 이렇게 되면 주 5일 근무라지만 4일을 일하는 것과 같다.

하루라는 시간이 별것 아닌 것 같지만 사실 엄청난 차이를 낳는다. 주 5일 근무를 기준으로 하면 한 달에 약 20일을 근무하는데 그중 4일이 빠지면 16일을 일하는 셈이다. 1년은 52주이고 그러면 52일이라는 시간의 공백이 생긴다. 시간상 손실은 20%이지만 실적 면에서는 20%가 아닌 200% 손실이 날 수도 있다. 하루 동안 무슨 일이 일어날지는 아무도 모르기 때문이다. 이런 결과를 맞지 않으려면 월요일에는 무조건 빨리 현장에 내 몸을 적응시키는 게 가장 중요하다.

월요일에 나는 습관적으로 다른 날보다 일찍 출근한다. 새벽 일찍 집을 나서는 뿌듯함도 있거니와 하루를 좀 더 여유롭게 시작하고 한 주를 계획하는 시간을 갖기 위해서다. 업무를 시작하는 9시가 되면 그날 있을 고객사 미팅 약속을 체크하고, 오전 일찍 미팅을 잡아 바로 현장으로 출발한다. 미팅이야 오후에도 할 수 있지만 최대한 오전으로 앞당기는 것은 내 몸과 마음을 현장에 빨리 적응시키기 위해서이다. 그렇게 오전 미팅을 한 건이라도 하고 나면 주말의 휴식이 진정한 충전으로 힘을 발휘하기 시작한다.

가장 중요한 것은 어떻게든 빨리 나를 현장에 '플러그 인'함으로써 현장에서 충전이 이루어지게 하는 것이다. 오전에 미팅이 없을

경우에는 업무 리스트를 작성하여 업무를 신속하게 처리해나가는 것으로 미팅을 대신한다. 그렇게라도 하면 주말 동안 현장에서 '플러그 아웃'되었던 내가 다시 현장에서 충전됨을 스스로 느끼게 된다. 그래도 가장 좋은 것은 오전에 갈 곳을 만들고 그곳으로 바로 가는 것이다.

가급적 월요일에는 평소보다 두 배 이상 미팅 약속을 잡고 소화하는 게 좋다. 그렇게 스피드하게 일하면 업무를 마칠 무렵에는 '월요병'이라는 말이 무색할 정도로 힘이 넘치는 사람이 된다. 고객 미팅을 월요일 아침 일찍 시작함으로써 나는 다시 긴장하게 되고 주말에 느슨해진 마음이 다시 세팅되면서 온전한 주 5일 근무를 할 수 있는 것이다.

방문판매를 할 때도 마찬가지였다. 월요일 오전 9시 30분에서 10시 사이에 나는 늘 현장에 도착해 있었고, 곧바로 일을 시작했다. 그 당시 나도 월요병을 핑계 삼아 자신을 합리화할 수도 있었다. 그러나 그럴 마음의 여유도 없었거니와 월요일을 일찍 시작하면서 알게 된 중요한 사실이 하나 있었다.

'주말에 쉬고 나니 몸과 마음이 이렇게 무거운데, 고객들도 다 그렇겠지? 아, 월요일 아침부터 거센 거절과 냉대를 당해야 하는 건가? 오후부터 할까? 에이, 아니다. 그냥 하자. 매도 먼저 맞는 놈이 낫다고 했으니, 빨리 맞고 시작하자.'

이렇게 마음을 고쳐먹고 움직이면 월요일 오전 일찍부터 니즈가 있는 고객을 만나는 경우가 더러 생기는 것이다. 그때, 월요병이 모든 사람에게 적용되지 않음을 알게 됐고, 좀 더 홀가분한 마음으로 월요일에도 영업에 집중할 수가 있었다.

비단 월요일만의 이야기가 아니다. 연휴의 경우도 마찬가지이다. 길게는 일주일씩 이어지는 연휴를 보내다 보면 누구나 긴장이 풀어지기 마련이다. 연휴가 끝난 뒤 업무에 복귀하는 첫날이면 몸은 일하러 나왔는데 마음은 연휴의 연장선에 있기 쉽다. 그러면 일을 제대로 할 수 없고 현장에 적응하기까지 시간이 오래 걸린다. 엄청난 시간적 손해가 생기는 것이다. 휴식은 좋고 충전은 더

더욱 좋지만 휴식과 충전이 의미가 있으려면 일하는 동안에는 열심히 해야 한다.

월요병으로 스스로를 합리화하고 월요병에 걸린 고객을 배려(?)한다는 영업인은 주 5일 가운데 20%인 금쪽같은 하루를 헐값에 넘긴 것이나 다름없다. 그런데 헐값으로 넘긴 시간 속에 엄청난 금이 숨어 있다면 어떻겠는가? 그 시간에 만난 고객이 내 제안에 "Yes"를 하면 그 시간이 황금으로 바뀌는 셈인데 그래도 헐값에 넘겨버릴 것인가?

사실, 황금을 건질지는 그 누구도 모르는 일이다. 그래서 더더욱 하루라도 낭비해서는 안 된다. 특히 월요일은 한 주를 시작하는 스타트 단계이므로 그 중요성이 더더욱 크다.

월요병을 극복하는 방법은 이미 소개했다. 최대한 빨리, 그리고 최대한 많이 현장에서 고객을 만나는 것이다. 이것도 습관이다. 이렇게 일하는 습관을 들이면 일요일 저녁이 즐겁다. "열심히 일한 당신, 떠나라"라는 광고 문구가 유행한 적이 있다. 정말 좋은 말이다. 열심히 일한 자가 떠나는 것이고 떠났다 돌아온 자는 다시 열심히 일해야 한다.

주말을 보내고 돌아온 월요일, 현장 속으로 더 깊이 들어가라!

결정적 영향을 미치는 영업인의 태도

고객과 상담하면서 이런저런 얘기를 주고받다가 니즈가 있음을 확인하고, 그 고객에게 걸맞은 제안을 했다. 결정의 시간이 다가왔고, 나는 일을 마무리하기 위해 전화를 걸었다.

"결정을 하셨는지 확인차 전화드렸습니다."

"제안서는 다 확인했습니다만 아직 결정은 못했습니다. 지금 사용 중인 것도 특별히 이상은 없어요. 저희를 관리하고 있는 회사에 타사에서 제안이 들어왔다고 말했더니 비용 면에서 주신 제안보다 더 많이 추가로 할인해준다고 합니다. 네고가 더 가능하십니까?"

"… 죄송합니다. 그건 어렵습니다. 그럼 그냥 유지하시도록 하십시오. 감사합니다."

현재 사용 중인 제품보다 더 낮은 금액을 제안했는데, 고객사

측에서는 거래하고 있는 회사에 나의 제안 내용을 얘기했고, 그쪽에서는 내가 제안한 금액보다 더 낮게 요금을 조정하겠다는 의사를 밝힌 것이다. 고객 입장에서 볼 때는 충분히 납득할 만한 상황이다.

이때 중요한 것은 영업인의 태도이다. 이런 상황에서는 둘 중 하나를 선택해야 한다.

첫 번째 선택은 고객사와 협상해서 최초에 제안한 금액에서 더 낮추어 다시 제안하는 것이다. 고객사에서는 내 제안이 마음에 드나 비용 면에서 메리트를 더 원하는 것이기에 그 요구에 부응하여 고객사 눈높이에 맞는 금액을 제안한다면 선택될 확률이 더 높아지기 때문이다.

두 번째 선택은 최초에 제안한 금액을 그대로 유지하는 것이다. '조금만 더 내리면 고객이 선택하지 않을까?' 하는 격한 아쉬움이 가슴 한편에 있지만, 선택되지 않더라도 나의 제안을 번복하지 않겠다는 신념으로 끝까지 밀어붙이는 것이다.

나는 후자를 선택했다. 전화를 끊으면서 많이 아쉬웠지만 미련은 빨리 지우는 것이 삶에 유용하다는 것을 경험을 통해 배웠기 때문에 최대한 빨리 마음을 비웠다. 그런데 다음 날 그 고객사로부터 전화가 왔다. 내 제안을 받아들이기로 했다는 결정 콜이었다. 비용 면에서 볼 때 나의 제안은 불리했다. 그런데 왜 그 고객은 나를 선택했을까? 바로 이 점이 내가 말하고자 하는 영업인의 태도이다.

고객은 싼 것을 원하는 게 아니라 정확한 품질을 원한다. 비용은 그다음 문제이다. 그 고객이 나의 제안을 받아들인 것은 짧은 순간이지만 나의 태도에서 정확한 품질과 서비스를 본 것이다. 네고를 요구했을 때 내가 만약 그것에 부응(?)하고자 금액을 낮췄더라면 고객이 나의 제안을 선택하지 않았을 것이라고 생각한다. 왜냐하면 고객이 내게 원했던 것은 비용이 아니라 정확한 품질과 서비스였기 때문이다. 금액을 낮춘다는 것은 제품에 자신이 없기 때문이라고 받아들일 수 있었고 그렇다면 고객은 나의 제안을 거절했을 것이다.

한번은 이런 일이 있었다. 고객이 내 제안을 받아들여서 고객 회사에 내가 제안한 제품 설치가 완료되었는데, 기존에 사용하던 제품과 관련한 계약을 해지하는 과정에서 말썽이 생겼다. 담당자 선에서 해지하면 되는데, 이런저런 문제가 얽히면서 결국 대표가 직접 나서야 하는 상황이 벌어졌다.

나는 담당자에게 이 사태를 솔직히 얘기하면서 대표님이 직접 해지 연락을 해야 할 것 같다고 말했다. 그러자 담당자는 막무가내로 화를 내며 소리쳤다.

"뭐라고요? 지금 그걸 말이라고 합니까? 이런 일까지 대표님이 직접 나서서 합니까? 그냥 기존 것을 사용할 테니 설치하신 거 도로 가져가세요."

나는 할 말을 잃었다. 통사정을 해볼 수도 있었지만, 도저히 입이 떨어지지 않았다. 상당한 비용이 발생하겠지만 나의 실수로 인해서 벌어진 일이니 내가 감당하는 것이 옳았다.

"죄송합니다. 철수하도록 하겠습니다."

짧게 말하고 서둘러 자리를 떴다. 차를 타고 이동하는데 머릿속에 많은 생각이 맴돌았다.

'그냥 한번 봐달라고 사정할걸 그랬나? 내 성격이 문제야. 그게 뭐 어려운 일이라고…. 얘기하면 들어줄 수도 있었을 텐데….'

그런데 갑자기 전화벨이 울렸다. 방금 만나고 온 담당자였다. 자신이 대표한테 얘기하겠다고 다시 들어오라는 것이었다. 일은 잘 마무리됐고, 나는 한숨을 돌릴 수 있었다.

일할 때 선을 정확히 긋는 나의 분명한 태도 때문에 약간의 융통성만 발휘하면 얻을 고객을 많이 놓쳤다. 어떤 때는 스스로도 내가 좀 답답해 보이기도 하지만 지금껏 일을 계속할 수 있는 것은 '대쪽'은 아니더라도 '소쪽' 같은 태도라도 있었기 때문이 아닐까 싶다. 이런 내 성격과 무관하지 않겠지만, 영업인의 태도가 결정적 순간에 결정적 영향을 미치는 것은 분명하다.

선을 그을 것은 분명히 긋는 게 나는 옳다고 생각한다. 그리고 선을 그었다면 눈앞에 돈이 왔다 갔다 하더라도 그 선을 넘지 말라. 왜냐하면 더 큰 돈을 잃을 수 있기 때문이다.

30일과 15일

영업에는 마감이 있다.

여타의 직업에도 마감이 존재하지만 영업인에게 마감은 그 의미가 남다르다. 마감을 어떻게 하느냐에 따라 다음 달 수입이 달라지기 때문이다. 한 달 열심히 일해 마감하고 그 결과로서 한 달 생활할 수입이 생기기 때문에 마감 마지막 날은 전쟁이 따로 없을 정도로 치열하고 격렬하다.

마감의 진통을 계획대로 잘 넘기면 다행이지만 그러지 못하면 다음 달 수입이 미리부터 걱정된다. 목표치로 삼은 실적을 달성해서 한 달을 마무리하면 다행이지만 그러지 않으면 다음 월초부터 열정이 꺾이기도 한다.

나 역시 영업 일을 시작하고부터 지금까지 늘 마감의 압박을 받아왔다. 실적이 풍족하게 넘쳐서 그 일부를 다음 달로 넘긴 적은 한 번도 없다. 실적이란 게 많으면 많은 대로, 적으면 적은 대로 애로 사항이 있기 때문이다. 해도 해도 부족한 게 이 실적이란 놈이다.

실적이 낮아 수입이 적을 때는 생활 규모도 작아 그럭저럭 맞춰 살면 되는데, 실적이 높아져 수입이 많아진 상태에서는 이미 생활 규모도 그에 따라 커지다 보니 실적에 대한 압박감이 동반 상승한다.

매달 30일에 목표치를 달성하며 마감하면 수입이 들어오는 다음 달 15일이 기다려지고, 30일 마감이 슬프게 끝나면 그날이 다가오는 것이 무서워진다. 그래서 죽기 살기로 30일 마지막 날까지 매진할 수밖에 없다.

실적을 마감하는 마지막 주는 거의 전쟁이다. 총알은 몇 개 없는데 상대편이 거대한 전차로 공격해 오면 가만히 앉아서 죽으니 차라리 돌진하다 죽겠다는 심정으로 전차를 딱총으로 공격하는 경우도 생긴다.

아침부터 밤늦게까지 눈코 뜰 새 없이 이 현장 저 현장을 뛰어다니면서 진두지휘를 하기도 하고, 혹시라도 빠졌을 실적을 체크하며 불이 나게 전화통을 붙잡고 있는 경우도 많았다. 사람 마음이 다 내 마음 같지 않기에 나는 애가 타는데 실적을 마무리해줘야 하는 내부 직원의 반응이 느긋하기라도 하는 날에는 당장에라도 뛰어가서 닭 모가지 비틀듯이 비틀고 싶은 심정이 든 적이 한

두 번이 아니었고, 상대방이 "나는 모르겠다"라고 막무가내로 나오면 어떻게든 구슬리려고 있는 말 없는 말 동원해 사정사정한 적도 많았다.

그러던 어느 날 도저히 힘에 부쳐서 그달에 마무리되어야 할 실적을 다음 달로 넘겨버렸다. 그달 실적에 꼭 채워야 할 건이었지만 내가 지쳐버린 것이다. 다행히도 어디 도망가는 건은 아니었기에 스스로를 위로하며 이월된 만큼 다음 달은 좀 여유롭게 더 많은 실적을 올릴 수 있으리라는 기대를 내심 품고 한 달을 마무리했다.

그러나 결과는 예상 밖이었다. 이월된 실적까지 더해졌으니 여느 달보다 더 높아야 할 실적에 변함이 없었던 것이다. 예를 들어 월평균 매출이 1,000만 원인데 이달에 700만 원으로 마감하고 300만 원을 이월하면 다음 달에 1,300만 원이 되어야 평균 매출을 유지하는데 막상 뚜껑을 열어보니 1,000만 원밖에 올리지 못한 것이다.

결국 한 달 실적과 수입에 구멍이 생겨버린 것이다. 그때 알게 됐다. 실적이 이월되더라도 그다음 달 실적이 더 많아지는 것은 아니라는 사실을….

이 진리(?)를 깨닫고 난 후부터 이번 달은 이번 달대로 다음 달은 다음 달대로 마무리해야 한다는 정확한 개념이 생겼다.

이달에 일한 모든 것이 마무리되고 다음 달로 이월되는 것이 없어도 상관없었다. 끝까지 최선을 다하다 보면 매달은 아니더라도 목표로 삼은 실적을 해내는 경우가 많았기 때문이다.

결국 정답은 이달에 해야 할 것은 무조건 이달에 마무리해야 한다는 것이다. 모든 것을 쏟아부어서 마무리를 하고 나면 수당이 나오는 15일이 행복하다. 그리하여 다음 15일을 위해서 이달도 최선을 다해서 뛸 수 있게 된다.

한 달을 새로 시작할 때마다 매번 0에서 출발한다는 것이 때로는 버겁기도 하고 어디서부터 어떻게 시작해야 할지 몰라 낙심하기도 하지만 미리 걱정하는 것은 금물이다. 언제나 최선을 다하다

보면 행운의 여신이 미소 짓는 경우가 있다.

　오랜 시간 성실이란 이름으로 축적한 시간이 보상을 준다. 때로는 작은 보상을 주기도 하고 때로는 큼직한 보상을 주기도 한다. 그것에 우쭐대지 않고 오늘 할 일을 하는 것이 영업하는 사람이 해야 하는 일임을 나는 알고 있다. 그러기에 이번 달도 30일까지 최선을 다해 나의 몫을 다한다.

　내 힘으로는 어찌할 수 없는 경우라면 몰라도 이달의 마감에 마침표를 찍는 30일까지 나태와 게으름을 용납하지 말자. 끝까지 최선을 다해야 한다. 할 수 있는 모든 것을 한 달의 마지막 정점인 30일까지 해내는 것이다. 억척스러우리만치 해보는 것이다.

　'과연 내가 어떻게 해낼 수 있을까?' 하는 일도 끝까지 하다 보면 가능하다는 사실을 알게 된다. 나도 숨이 막히는 경우가 많았다. 그러나 나는 과연 내가 해낼 수 있을지 의심스런 한계 앞에 무던히도 나 자신을 세웠다. 그리고 마지막 30일까지 죽으라고 달렸다.

　돌이켜보니 현장에서 마지막까지 질주하던 그때가 내가 가장 아름답게 빛나는 순간이었던 것 같다. 30일까지 열심히 뛰고 나면 기쁜 선물이 있다. 수당 봉투가 두둑한 15일을 맞이하는 것이다.

　따뜻한 15일은 30일까지 전력 질주한 사람의 몫이다.

양과 질은 비례한다

다치바나 다카시는 일본 지식계의 거장이다. 우연찮게 그가 쓴 책을 읽었는데, 철학적인 메시지가 있으면서도 의식 수준(?)이 그리 높지 않은 나도 십분 이해할 만한 대목이 참 많았다. 그래서 그가 쓴 책을 몇 권 더 사서 읽은 기억이 있다. 평생을 저널리스트로 살면서 읽고 쓰는 것이 생활이 된 사람인데 그가 한 달에 읽는 책이 약 500권은 된다는 글을 보고 정말 깜짝 놀랐다. 다양한 주제로 글을 쓰는 것으로 유명한 그가 글쓰기에 대한 견해를 짤막하게 밝힌 바 있다.

"양이 있어야 질이 있다."

결국 읽는 양이 많아야 명문장을 쓸 수 있다는 것이 그의 설명이다. 그는 새로운 분야의 글을 쓰기 위해서 그 분야에 관계된 책을 수백, 수천 권을 먼저 읽는다고 한다. 그리고 머릿속에 정리가 되면 그제야 글을 써나간다는 것이다. 그렇게 해서 다양한 주제, 다양한 종류의 책을 많이 집필할 수 있었다고 한다.

글쓰기에 관한 책이 시중에 많이 나와 있다. 나는 책을 출간하겠다는 나름의 목표를 세운 터라 그 책들을 몇 권 사서 읽어보았다. 내용은 책마다 다르지만 공통적으로 말하는 것이 있었다. 바로 좋은 글은 책을 많이 읽고, 글을 많이 써야 나온다는 것이다. 독서량이 적거나 꾸준히 쓰지 않으면 좋은 글이 나올 수 없다는 대목을 읽으면서 많은 것을 느꼈다.

책의 저자들은 독서와 글쓰기 양을 얘기했지만, 이 법칙은 영업에서도 통한다. '확률세일즈'란 결국 많은 고객을 만남으로써 좋은 고객, 즉 니즈가 있는 고객을 구별해 내는 것이기 때문이다. 양과 질이 비례한다는 것은 진리 중에 진리이다.

어쩌다 한 명을 만났는데 운 좋게도 좋은 고객일 수는 있다. 그러나 그건 단지 운이 좋았을 뿐임을 빨리 알아차려야 한다. 영업을 시작하는 사람이 경계할 가장 위험한 케이스가 있다. 일을 막 시작했는데 우연히 니즈가 있는 고객을 만난 경우다.

'어, 이거 되게 쉽네. 나를 기다리는 사람들이 많구나….'

그러나 현장에서 이런 행운은 자주 오지 않는다는 것이 문제다. 우연히 일어난 일을 마치 늘 그럴 것이라 오해한다면 잘못된 출발점에서 시작하는 것과 같다.

행운은 단발성이다. 좋은 단어, 훌륭한 문장 하나를 만들기 위해 수백, 수천 권의 책을 읽고 고민에 고민을 거듭하며 글을 쓰는 작가처럼 한 명의 고객이라도 더 만나서 내가 판매하는 상품을 알리기 위해 노력해야 니즈가 있는 고객을 만날 수 있다.

영업 일을 하면서 고기를 낚는 어부가 된 나를 참 많이도 상상했다. 파도가 넘실대는 바다가 눈앞에 펼쳐져 있다. 수많은 물고기가 파닥거리며 파도 틈새로 뛰어오른다. 자그마한 치어도 있지만 묵직하니 큰 고기도 있다. 바다에 아무리 많은 물고기가 살아도 그 물고기들이 저절로 내 것이 되지는 않는다. 내가 그물을 던져 잡아야 바닷물고기가 아니라 비로소 내 물고기가 된다.

그렇다면 이제 그물을 던지는 일이 남아 있는데 이때부터가 중요하다. 바다에는 다양하고 많은 물고기가 살지만 물고기 양보다 바다가 훨씬 더 넓기 때문에 그물의 크기가 관건이다. 내가 가진 그물 크기만큼만 물고기를 잡을 수 있기 때문이다.

그래서 나는 늘 생각했다.

'이 넓은 바다에 거대한 나의 그물을 던지자. 최대한 넓게 펼쳐서 최대한 멀리 그물을 던지자. 그리고 나의 거대한 그물에 물고기들이 가득 들어차면 나는 헤라클레스처럼 어깨에 그물을 걸쳐 메고 육지로 천천히 나아가면 되는 것이다.'

어릴 적 바닷가에 살며 수도 없이 바다를 바라봤던 경험이 강렬한 상상을 불러일으켰다. 하루에도 수십 번씩 나는 그물을 던졌고

잡아당겼다. 물고기로 가득 차서 터질 듯한 그물을 도저히 내 힘으로 끌고 갈 수 없어서 무릎이 땅바닥에 처박히는 즐거운 상상을 하며 매일같이 내 그물을 바다로 던졌다.

실제로 그물을 들어 올리면 빈 소라 껍데기만 가득한 경우도 있었고, 넓은 그물 안에 자그마한 치어 몇 마리만 덩그러니 파닥대기도 했다. 그런데 어느 날은 내 몸보다 더 큰 대어 여러 마리가 잡혀서 그물을 들어 올리기가 힘겨워 낑낑댄 적도 있다.

나는 그물을 던지는 행위는 고객을 만나는 것이고, 큰 그물을 던지는 행위는 많은 고객을 만나는 것이라고 생각한다. 그물을 던지지 않으면 물고기를 잡을 수 없듯이 고객을 만나지 않으면 실적이 없다. 더 중요한 것은 고객 한두 명 만난다고 실적이 만들어지는 것이 아니고, 많은 고객을 만나야 실적이 만들어질 수 있다는 점이다.

드넓은 바다에는 물고기가 많이 산다는 것을 우리는 알고 있다. 그 넓은 바다에서 물고기를 잡으려면 그물을 바다에 던져 넣어야 한다는 것도 알고 있다. 물고기를 많이 잡으려면 최대한 큰 그물을 던져야 한다는 것 또한 알고 있다.

그러나 알고 있는 것만으로 인생에서 얻을 수 있는 것은 없다. 이제 '나의 그물'을 바다에 던져라. 최대한 넓게 멀리 던져라. 그리고 가슴을 쫙 펴고 그물을 어깨에 메고 힘껏 잡아당겨라.

넓게 멀리 던진 만큼 올라오는 물고기도 많을 것이다.

오늘 할 일만 제대로 한다면
미래는 걱정할 필요 없다

"제가 마음이 불안해요. 하라는 대로 열심히 해서 제가 원하는 목표를 달성하긴 했는데, 다음 달에 또다시 그렇게 해서 매출과 수입이 유지될 수 있을지 불투명하고, 아직 확률세일즈가 몸에 확실히 붙지 않아서 제가 다시 해낼 수 있을지 의문이에요."

"음… 무슨 말씀인지는 충분히 이해합니다. 매출이나 수입은 신경 쓰지 마시고, 그냥 했던 대로 오늘 목표를 완수하시는 데 초점을 맞추세요. 저는 하루 20군데 가는 것을 목표로 삼고 일했고, 수입은 두 번째 문제였습니다. 그리고 수입이 떨어지지 않을까 걱정할 필요는 없었습니다. 제가 오늘 20군데 가는 것을 멈추지 않는다면 매출이 떨어질 염려가 없다는 것을 알기 때문입니다. 그러니 오늘 하루 자신의 활동 목표에만 집중해서 일하시면 됩니다."

자신이 그토록 원하는 목표를 이루기 위해 고군분투해서 수많은 역경과 고난을 이겨내고 목표를 달성했을 때 그 순간은 너무 큰 기쁨에 가슴이 벅차오른다. 그러나 그게 끝이 아니고 다음 달이라는 시간이 기다린다는 것을 자각하는 순간 기쁨과 함께 불안이라는 감정에 사로잡힌다. '과연 다음 달에도 내가 잘해낼 수 있을까?' 하는 자신에 대한 의심과 '어떻게 하면 이달과 같은 성과를 낼 수 있을까?' 하는 방법에 대한 의심이다.

나는 이 두 가지 의심에 대해 말하고 싶다.

첫째, 자신에 대한 의심은 아직 확률세일즈가 몸에 딱 맞는 옷처럼 완벽하게 입혀지지 않아서 생긴 것이다. 그동안은 나에게 주어진 하루라는 영업시간을 굉장히 느슨하게 보냈던 사람이 갑자기 그분(?)이 와서 자기도 모르게 미친 듯이 확률세일즈를 하게 됐다. 그렇게 열심히 하고 나니까 결과가 예상보다 빨리 나왔지만, 그분이 다시 떠날까 두려운 마음이 생긴다. 내 맘속에 확실히 잡아두고 싶지만 온전히 집중하지 못하는 오래된 습관이 아직 많이 남아 있음을 스스로 아는 것이다. 그래서 1년이라는 시간 동안 집중하는 것이 필요하다.

확률세일즈로 영업의 체질을 확실히 개선하려면 1년이라는 시간이 필요하다. 그만큼 시간이 걸린다는 사실을 자각하고 뛰는 사람은 오래 뛸 수 있고, 한두 달 결과만을 보고 쉽게 포기하지도 않는다. 1년이라는 시간은 짧을 수도, 길 수도 있지만 1년을 지속하면 마감 시간과 출발 시간에 대한 두려움과 의심은 사라지게 될 것이다. 그때는 스스로를 믿을 수 있다.

자신이 정한 원칙을 지키기 위해 스스로에게 엄격했던 1년이라는 치열한 시간을 나의 뇌와 세포는 기억하고 있다. 자신감이 자부심으로 바뀌고 그 자부심은 새로운 일에 대한 두려움을 잠재운다. 두려움이 없는 것이 아니고 두려움을 넘어서는 용기를 가진 사람으로 바뀌는 것이다. 자기 자신에 대한 의심은 이때 사라진다.

둘째, 어떻게 하면 지난달과 같은, 아니 그 이상의 성과를 낼 수 있는가 하는 방법적인 문제이다. 이것도 간단하다. 확률세일즈를 계속하면 된다. 월요일부터 금요일까지 계속하는 것이지, 사실 마감이 갖는 특별한 의미는 없다. 괜한 의미 부여를 하는 것은 도리어 일에 대한 열정만 떨어뜨릴 뿐이다. 그냥 한 달이 마감되고, 새로운 달이 시작될 뿐이다. 한 주가 시작되고 마감되는 것뿐이다. 내가 오늘 해야 할 몫에만 의미를 두면 된다. 그리고 의미 부여를 했으면 끝내 완수하면 되는 것이다.

이게 최고의 방법이다. 이 방법으로 오늘도 일하고 내일도 일하면 지난달과 같은, 아니 그 이상의 결과를 이달에도 얻을 수 있다. 어려운 게 아니다. 새로운 일도 하다 보면 적응하는데 하물며 해본 일을 다시 하는데 적응이 안 될 리가 있겠는가?

답은 나와 있다. 그러니 미래의 실적과 수입에 불안해할 필요가

없다. 지속하면 수입과 실적은 유지되고, 나아가 상승한다. 자전거 페달을 밟는 한 자전거가 멈출 일도 없고, 중심을 잃고 쓰러질 일도 없다. 확률세일즈를 계속하는 한 수입은 유지될 것이다. 확률세일즈를 시작한 지 얼마 되지 않았을 때에는 일시적으로 매출과 수입이 줄어들 수도 있으나 그것도 신경 쓸 필요가 없다. 신경 쓴다고 수입이 오르는 것은 아니다. 괜한 시간 낭비 하지 말고, 오늘 자신의 확률세일즈를 완수하라.

가보지 않은 길을 처음 가면 설레기도 하고 두렵기도 하다. 지

나온 길을 돌이켜보면 기쁘기도 하고 아쉽기도 하다. 그러나 확률세일즈에 온 힘을 쏟고부터 설렘, 두려움, 기쁨은 여전히 있으나 아쉬움은 없다. 내가 할 수 있는 모든 것을 다했기 때문이다. 결과가 상대적으로 '겨우 이 정도'라고 할 수 있을지 몰라도 내 생각과 그릇의 크기가 그 정도였기 때문에 그건 어쩔 수 없다. 그러나 나는 배웠고 보았다. 사람은 누구나 노력하면 된다는 것을 배웠고, 더 큰 세상에 내가 적합한 사람이라는 것을 보았다. 그러니 불안해할 필요가 전혀 없다.

그냥 어제 했던 확률세일즈를 오늘 계속하면 된다.

수련과 단련

'수련'은 인격이나 학문 또는 기술을 닦는다는 뜻이다.

'단련'은 몸과 마음을 단단하게 한다는 뜻이다.

영업 현장에서 일어나는 모든 일은 이 두 단어와 직결된다. 상품에 대한 전문성, 사람을 대하는 기본자세, 문제 발생 시 사후처리 능력 등이 수련이고, 비일비재로 당하는 거절과 냉대 속에서도 현재의 자신을 넘어서기 위해 끊임없이 노력하는 것이 단련이다.

무술 영화를 보면 자기 부모를 죽인 원수를 향한 복수심에 불타 무술의 고수가 되려고 깊은 산속에 홀로 들어가 외로움과 싸우며 끊임없이 수련하는 주인공이 나오곤 한다. 뜨거운 불로 달군 모래 단지에 두 손을 넣었다 빼기를 반복하며 굳은살이 박이게 하고, 추위에 꽁꽁 언 계곡물을 깨어 몇 시간씩 몸을 담그고, 뜨거운 여

름날에는 무거운 모래주머니를 몸에 가득 매고 산 정상을 쉼 없이 오르내린다. 어둠 속에서 바람에 흔들리는 미세한 움직임을 감지하기 위해 온 신경을 집중하고, 쉽사리 동요하지 않는 마음을 갖기 위해 명상하고 독서를 한다.

그렇게 지속적인 수련으로 몸과 마음을 단련하고 그토록 원하던 고수가 되어 유유히 산을 내려오는 주인공의 모습은 앞으로 펼쳐질 내용이 상상될 만큼 흥미롭다.

영화 주인공은 수련과 단련을 통해 무림의 고수가 됐다. 영업의 고수도 마찬가지이다. 영업의 고수는 현장에서 보내는 '집중된 시간'과 '다양한 경험'의 합으로 완성된다.

현장에서 보내는 집중된 시간 + 다양한 경험 = 고수

고수가 되는 데는 이런 공식이 성립된다. 이 공식에서 중요한 것은 시간을 집중적으로 써서 이뤄내야 한다는 것이다. 뜨겁게 달군 모래 단지에 손을 담금질하는 수련을 시작했다고 굳은살이 바로 박이지는 않는다. 그런데 진정되지 않은 어제의 아픔을 오늘 견디지 못해서 띄엄띄엄 수련한다면 평생 가도 단단한 굳은살은 갖지 못한다. 최고조의 아픔을 최대한 빨리 넘어설 때 굳은살이 박이고, 그때를 앞당기기 위해 집중된 수련이 필요한 것이다.

하루 24시간이라는 절대적 시간의 밀도를 최대한으로 높여 그

시간에 수없는 경험을 쌓을 때 비로소 영업의 단단한 굳은살이 박이게 된다. 관건은 최대한 짧은 시간 안에 집중해서 끝내야 한다는 것이다.

나는 하루에 20군데, 한 달에 400군데, 1년에 약 5,000군데라는 수치를 경험했다. 1년이란 시간을 집중함으로써 다양한 수련을 5,000번 했고, 덕분에 단련의 시간을 그만큼 단축할 수 있었다.

무림의 고수가 아무리 뛰어난들 상대의 주먹을 전부 피할 수는 없다. 단지 주먹을 피하는 횟수가 많고, 맞더라도 충격이 적을 뿐이다. 영업의 고수 역시 모든 사람을 내 고객으로 만들 수는 없다. 고수가 다른 점은 어떤 순간에도 쉽사리 동요하지 않는 평정

심을 유지하고 현장에 임한다는 것이다. 고수는 눈앞의 고객 반응에 좌우되지 않고 거절에 낙담하지도 않는다. 거절이 '지금 당장'의 거절일 수 있음을 알고, 설사 영원한 거절이라 한들 어쩔 수 없다는 것도 알기 때문이다.

거절하면 거절하는 대로 조용히 다른 고객을 찾아가고, Yes 하면 Yes 하는 대로 들뜨지 않고 자신이 해야 할 몫을 정확히 할 뿐이다. 내가 이렇게 할 수 있었던 건 1년 동안 현장에서 이루어진 수천 번의 수련이 내 몸과 마음을 단단하게 만들었기 때문이다.

거듭된 거절은 마음에 굳은살을 만들어주었고, 홀로 일하는 외로움은 생각의 깊이를 더 깊게 만들어주었다. 흙탕물처럼 흐트러지고 어지러운 상황은 부유물이 가라앉을 때까지 기다려야 한다는 인내를 알게 했고, 클레임을 강하게 제기하는 고객은 상대방 입장에서 생각하는 역지사지의 정신을 일깨워주었다. 그 모든 것이 내 생각을 넓혀주었고 마음을 단련시켰다.

자신이 일하는 분야에서 고수가 되고 싶다면 집중된 수련과 단련은 필수 불가결하다.

그리고 온몸과 온 마음을 담은 1년이면 족하다.

쓰레기통 비우기

꽉 찬 쓰레기통을 보면 답답하다는 생각이 든다.

그런 쓰레기통을 보면 가차 없이 비워버리는데, 비울 때 왠지 모를 가슴 시원함이 있다.

쓰레기통이 꽉 차듯, 일을 하다 보면 머릿속이 꽉 찬 느낌을 받을 때가 종종 있다.

고객을 만나 나의 상품과 서비스를 제안했다. 그런데 Yes, No가 결정되지 않는 상태로 시간만 흐른다. 고객은 이렇다 저렇다 말이 없지만 그렇다고 내가 먼저 전화하기도 왠지 두렵다. 거절당할 것 같다는 강력한 느낌(?)이 들기 때문이다. 그 두려움이라는 놈 때문에 전화 혹은 방문도 하지 못하고, 고객이 먼저 "Yes" 해주기를 간절히 바라는 마음으로 줄곧 기다린다. 그런 고객이 하나

둘 늘어나면서 머릿속이 복잡해져간다.

그런데 과연 나의 복잡한 심정을 고객이 알까? 아니, 관심이라도 있을까? 결론만 말하면 관심도 없고, 내 심정도 모를 확률이 무진장 높다. 내가 다녀갔다는 사실조차 잊었을지 모른다. 고객은 아무 생각이 없는데, 그저 나 혼자 벙어리 냉가슴 앓듯이 끙끙대며 이달 실적에 특정 고객을 넣었다 빼기를 반복할 수 있다는 말이다.

'저번 주에 만난 A 고객은 왜 전화가 없지? 전화 주기로 했는데…. 전화해볼까? 아니야, 좀 더 기다려보자. 지난달에 만난 B 고객은 굉장히 긍정적이었는데 연락이 없구나. 전화해서 물어볼까? 혹시 내가 다그친다고 느끼지는 않을까? 이번 달에 성사되어야 수입이 되는데 어떻게 하지….'

과연 어떻게 하는 것이 바람직할까?

답은 아주 간단하다. 쓰레기통에 쓰레기가 차면 비우듯 복잡하게 얽힌 머릿속 쓰레기통을 비우면 된다. 비운다는 것은 전화를 하거나 방문을 해서 Yes든 No든 정확한 답변을 받는다는 것이다. No 할 고객은 시간이 지나도 No 할 것이고, Yes 할 고객은 지금이라도 Yes 한다. 시간이 지난다고 No가 Yes로 바뀌지 않고, 지금 결정짓는다고 Yes가 No로 바뀌지 않는다.

영업에서 가장 중요한 것은 나의 심리 상태이다. 정리되지 않는 일이 있으면 계속 머릿속에 맴돌게 되고, 그 일이 다른 일에도 영향을 미친다. 정리해야 할 일은 정리하고 넘어가면 된다. 정리가 되면 머릿속이 개운해진다. 그리고 결과가 좋으면 좋고, 안 좋으면 툴툴 털고 다시 하면 된다.

이번 달에 결정을 짓게 할 고객이 몇 명 있다고 치자. 가망고객이 전부 Yes를 하더라도 목표로 정한 실적에 미치지 못한다면 이미 나의 심리 상태는 무겁다고 볼 수 있다. 그러면 가망고객에게 전화를 걸거나 방문해서 Yes인지 No인지 답변을 듣는 일 자체가 상당한 압박으로 다가온다. 게다가 압박감은 '거절'에 대한 두려움을 더욱 상승시켜 내 머릿속은 복잡함으로 소용돌이친다. 쓰레기통이 꽉 찬 상태가 된 것이다.

앞서 말했듯이 이때 현명한 방법은 쓰레기통을 비우듯 생각의 쓰레기통을 비우는 것이다. 비우면 Yes가 나올 수도 있고 No가 나올 수도 있다. 아니 전부 No가 나올 수도 있다. 그러나 중요한 건 비운 후 느끼는 감정이다.

'결정이 되고 나니까 홀가분하구나. 차라리 잘됐어. 지금 아닌 건 나중에도 아닌 거니까. 처음부터 다시 시작하면 돼!'

이번 달에 안 되면 다음 달에 되면 된다. 그러나 쓰레기통을 비우지 못하면 머리가 무거워지고 그 무거운 마음과 발걸음이 이번 달에 그치지 않고 다음 달에도 영향을 미치는 것이 진짜 문제이다. 그래서 쓰레기통 비우는 것을 겁내면 안 된다. 비울 건 비우

고 채울 건 채우는 것이 영업이다. 내가 포기하지 않는 한 다음 달에도, 그다음 달에도 실적을 좋게 만들 수 있다.

   그러니 쓰레기통을 비울 시점이 되면 후딱 비우고 다시 출발하자!

자기를 믿는 훈련

고객이 물건을 구매하게 되는 이유 중 90%가 영업인 때문이라고 한다. 과연 영업인의 어떤 점이 고객의 구매 결정에 90%나 되는 영향력을 발휘하는 것일까?

답은 '자신감'이다. 영업하는 사람의 자신감 있는 태도에서 고객은 강한 신뢰를 느끼고 그 신뢰가 구매로 이어진다.

"자신감이 넘쳐 보여서 참 보기 좋습니다!"

이런 말을 고객에게 듣고 있다면 유능한 영업인일 확률이 높다. 만약 듣지 못한다면 현장에서 승리하기는 사실상 어렵다고 봐야 한다. 자신감은 자기 자신에 대한 믿음이다. 세상 그 누구도 아닌 자신을 믿는다는 것은 지극히 당연한 일이다.

자신을 불신하는 삶을 산다고 생각하면 참 슬프지 않은가. 그렇다면 왜 자신감이 없을까? 그 이유가 무엇일까?

답은 그동안 내가 나를 배신하며 살아왔기 때문이다. 자신에 대한 믿음은 자신과 약속하고 그 약속을 지켰을 때 형성되는데, 살아오면서 스스로에게 한 약속을 지키지 않는 배신을 많이 했기 때문이다. 남과의 약속은 어떻게든 지키려고 노력하면서 나 자신과 한 약속은 헌신짝처럼 버리고, 그 결과 무의식적으로 스스로를 믿지 못하게 된 것이다.

다이어트를 위해서 소식하겠다고 결심하지만 맛있는 음식 앞에서 그 결심은 온데간데없이 사라지고, 건강을 위해서 술 담배를 끊고 운동하겠다고 결심하지만 스트레스 받는 일이 생기면 언제 그랬냐는 듯 바로 술자리에서 건배를 외친다. 새벽형 인간으로 살겠다고 알람을 6시에 맞춰놓지만 일어나 보면 8시이고, 독서 습관을 기르겠다고 결심하지만 TV에서 재밌는 프로그램을 방송하면 그 앞에서 떠날 줄을 모른다.

이 모든 것은 남과 약속한 게 아니고, 나와 약속한 것이다. 사소해 보이는 이 모든 일이 무한 반복되면서 스스로 의식하지 못하는 사이 자신을 불신하게 된다.

인생과 일에서 성공하려면 '자신감'이 가장 중요하다. 그렇다면 떨어지고 상실된 자신감을 높이고 되찾을 수는 없을까?

있다. 희망적인 것은 지금부터 해도 전혀 늦지 않다는 것이다.

'자신감'은 훈련할 수 있다. 나 역시 10년이란 시간 동안 나에게 한 약속을 지키지 못함으로써 자신감 상실이라는 크나큰 불행을 겪었다. 남들에게 보여주기 위해 자신감 있는 척했지만 솔직히 나는 돈을 벌고 성공할 자신이 없었다.

그러다 2009년도를 시작하며 나는 자신에게 두 가지 약속을 했다.

첫째, 하루 20군데를 무조건 방문하겠다.
둘째, 단 하루도 쉬지 않겠다.

그리고 이번만큼은 반드시 약속을 지키고야 말겠다는 단호한 결단을 했다. 누구하고도 아닌 나에게 한 약속을 지키기 위해서 하루하루 최선을 다해 노력하다 보니, 시간이 흐르면서 바람 빠진 풍선에 바람이 들어가듯 왠지 모를 자신감이 점점 차오르더니 한 해가 끝나갈 무렵 나는 예전과는 전혀 다른 사람으로 변해 있었다.

1년이란 시간을 나와 약속하고, 실제로 그것을 지켜내면서 스스로를 못 미더워하던 불안감이 싹 사라지고 나에 대한 완전한 믿음을 갖게 된 것이다.

'사과를 팔더라도 누구보다도 더 많이 팔 수 있다'는 뜻 모를 자신감은 일하는 현장에서 빛을 발했다. 나의 눈빛, 얼굴, 말에 묻어나는 자신감을 사람들이 느꼈고, 그로 인해 많은 사람이 나의 고객이 되어주었다.

더 나아가, 지금 하는 일이 아닌 어떤 일을 새로 하더라도 "나는 다시 해낼 수 있어"라는 무한한 자신감이 책으로, 강연으로 나를 이끌었다.

"강사님, 강사님 말에서는 자신감이 느껴집니다. 그 자신감이 강사님처럼 하면 된다는 확신을 제게 줍니다."

이처럼 자신감은 훈련이 가능하다. 훈련이 가능하다는 것은 꽹

장히 중요하다. 내 키는 170cm에 못 미치는데 그 점이 마음에 들지 않아 키를 키우려고 지옥 훈련에 돌입한들 180cm가 될 수는 없다. 어른의 키는 훈련으로 해결되는 사안이 아니기 때문이다.

하지만 자신감은 그렇지 않다. 얼마든지 훈련이 가능하고, 할 수 있다. 현장의 고객은 자신의 불신을 잠재워줄 영업인을 원한다.

고객이 갖는 '불신'이라는 활활 타오르는 불은 영업인이 가진 '자신감'이라는 소화기로 끌 수 있다. 그 소화기 용량이 크면 클수록 더 많은 불신의 불을 끌 수 있다. 그 시작은 자신과의 약속을 지키는 데 있다.

"자신감이 넘쳐 보여서 참 보기 좋네요" 하는 말은 "나는 당신의 고객이 되겠습니다"라는 말과 같은 뜻이다. 앞으로 이 말을 듣기 위해서는 현장에서 자신이 해야 할 일을 자신과 약속하라. 그리고 약속했으면 반드시 그 약속을 지켜내라.

'자신감'이란 거대한 소화기가 손에 들릴 때까지.

열 번 찍어 안 넘어가는 나무
의지가 강한 영업인 vs. 니즈가 없는 고객
설득하지 말고 이해시켜라
프로모터의 최강자
클로징의 의미
시간차 공격
거절을 견디어내는 갑옷
끄는 게임 vs. 끌려가는 게임

2

영업이라는 게임에서 확률세일즈로 승리하는 방법

열 번 찍어 안 넘어가는 나무

영업의 시작은 어디일까?

영업은 내가 다루는 상품이나 서비스를 고객에게 제안하면서 시작된다. 제안을 하는 쪽은 영업인이고 결정을 하는 쪽은 고객이다. 고객은 영업인의 제안을 검토한 후에 본인이 필요하면 받아들이고 그렇지 않으면 거절한다.

여기서 중요한 것이 바로 '니즈'이다. 즉, 고객은 자신에게 필요해야 Yes를 선택한다. 필요하지 않다고 판단하면 No를 선택한다. 지극히 자연스러운 일이다. 이 당연한 사실을 나는 예전에는 잘 몰랐다. 계속 찾아가고 엉겨 붙으면(?) 상대방이 "Yes"로 바뀔 줄 알았고 "지성이면 감천"이라는 고사성어를 되뇌며 찾아가면, 없던 니즈도 생겨날 줄 알았다. 그런데 아쉽게도 지성이면 감천이 되는 경우는 거의 없었고, 실적은 늘 바닥을 기었다.

시간이 오래 지나고 나서야 니즈가 없으면 열 번이 아니라 백 번을 찍어도 넘어가지 않는다는 사실을 알게 됐다. 그 사실을 알기까지 오랜 시간이 걸렸지만 깨달은 뒤에는 적용하기까지 오랜 시간이 걸리지 않았다.

그 뒤 나의 영업 스타일은 완전히 바뀌었다. 니즈가 없는 나무 한 개를 열 번 찍어서 어떻게든 넘어뜨리려 하기보다는 나무 열 개를 동시에 한 번씩 찍어서 그중에 내 도끼질에 반응하는 나무만 골라내서 다시 찍는 방법을 구사하게 되었다.

도끼질을 열 번 하는 것은 같되 나무가 한 개이냐 열 개이냐의 차이일 뿐인데, 그 결과는 너무도 판이했다. 어떻게 하는 것이 가장 효율적인 영업 방법인지 깨달은 뒤 드디어 나는 10년간의 실패에 마침표를 찍게 됐다.

"열 번 찍어 안 넘어가는 나무가 없다"에서 '열 개 나무를 동시에 한 번씩 찍어라. 그러면 그중에 반응하는 나무가 반드시 있다. 그 나무를 다시 찍어라'로 바뀌었을 뿐인데 효율성, 자신감, 결과는 완전히 달라졌다.

영업의 포인트는 고객에게 니즈가 있느냐 없느냐를 볼 수 있는 눈이다. 내가 가진 상품이 아무리 좋고 훌륭하더라도 고객이 구매를 해줘야 그 가치가 빛나고 내가 먹고살 수 있다. 그런데 니즈가 없으면 고객은 구매하지 않는다. 우리에게는 고객이 아니라 '니즈

가 있는 고객'이 필요하다. 그래야 실적이 생긴다. 한두 사람만 만나서는 니즈가 있는 고객을 찾아내기가 쉽지 않다. 그러나 많은 사람을 만나면 그중에 니즈가 있는 고객을 찾을 확률이 높다.

니즈가 있는 고객을 찾아냈다고 해서 전부가 "Yes"를 하는 것은 아니지만, 니즈가 있으면 그럴 확률이 높다고 볼 수 있다. 반면, 니즈가 없는 고객은 지속적으로 방문하고 관리하더라도 니즈가 잘 생기기 않고, 생긴다고 해도 그때가 언제일지 모르기 때문에 효율성이 아주 많이 떨어진다. 없던 니즈가 생길 때를 기다리는 것보다 지금 니즈가 있는 고객을 찾는 것이 더 빠른 방법인 것이다.

"강사님, 몇 번 찾아갔는데 부정적입니다. 여기를 계속 가야 할까요, 말아야 할까요?"

강의가 끝나고 나면 꼭 나오는 질문 중 하나이다.

"가지 마십시오. 더 찾아간다고 하더라도 안 합니다. 괜히 시간만 뺏기는 겁니다. 그리고 왜 그곳을 계속 가시는지 아십니까? 가야 할 곳이 그곳밖에 없기 때문에 그렇습니다. 내가 가야 할 곳이 열 곳, 스무 곳이 더 있다면 과연 그 부정적인 사람을 만나러 계속 가실까요?"

니즈가 없더라도 고객을 꾸준히 관리하면 생길 수 있다고 믿었던 지난날 나의 실수가 다시 생각나는 순간이다. 이런 나무는 앞으로 더 찾아가 찍어도 넘어가지 않을 확률이 아주 높다. 설령 넘어간다 하더라도 그에 들인 시간과 노력에 비하면 결과치가 낮을 공산이 크다.

나라면 그 시간에 니즈가 있는 다른 나무를 찾아 나설 것이다. 열 번 찍어도 넘어가지 않는 나무는 존재한다. 솔직히 말하면 너무나 많다. 나는 이 점을 확인하고 난 뒤 인정했다.

그랬기 때문에 니즈가 있는 다른 나무를 발견하기 위해서 매일같이 나무꾼이 되어 도끼질을 한 것이다. 그런데 찾지 않았을 뿐이지 막상 해보니 니즈가 있는 나무가 심심찮게 있었다. 내 도끼질이 멈추지 않은 것은 흔들리는 나무가 중간중간 계속 나타났기 때문에 가능했다.

아주 좋은 상품과 서비스를 제시해도 절대로 넘어가지 않는 사람이 반드시 존재한다. 이 사실을 먼저 인정해야 한다. 인정하고 나면 눈에 보인다. 그런데 인정하지 않으면 눈에 안 보여서 계속 엉뚱한 곳에 도끼질하는 불상사를 저지른다.

결국, 넘어가지 않음을 확인하는 순간 그것에 들인 노력, 열정, 에너지가 '허탈감'으로 바뀌어 가슴을 짓누르고, 일에 회의감이 밀려오면서 포기를 결심할 수도 있는 상황에 이르게 된다.

이건 내 제안을 거절한 상대의 잘못이 아니다. 니즈가 없는 나무를 계속 도끼질한 내 잘못이다.

기억하라!
열 번을 찍어도 넘어가지 않는 나무는 있다.
그리고 또 기억하라!
현장에는 그런 나무가 무척 많다.
또, 또 기억하라!
나를 기다리는 나무도 있다.
또, 또, 또 기억하라!
도끼질을 멈추지만 않는다면 그런 나무도 많다.

의지가 강한 영업인 vs. 니즈가 없는 고객

"대표님, 제가 영업에는 안 맞는 것 같습니다."

"왜 그런 생각을 하십니까?"

"지인들이 제게 영업은 의지가 강한 사람이 해야 하는데 저는 의지가 약해서 어렵다고 하네요."

"그래요? 그럼 혹시 나는 의지가 강한데 고객이 니즈가 없으면 어떻게 하죠?"

"아…."

의지는 인생을 살아가는 데 꼭 필요하다. 영업도 삶의 일부이기 때문에 의지가 필요한 것은 맞다. 그러나 의지만 가지고 영업을 밀어붙여서는 곤란하다.

의지가 강한 영업인과 니즈가 없는 고객. 그 두 사람이 만나면

누가 이길까?

　답은 니즈가 없는 고객이다. 강한 의지는 니즈가 없는 고객 앞에서 힘을 잃는다.

　사람은 배가 부르면 눈앞에 산해진미가 있다고 한들 음식에 손이 가지 않는다. 그러나 배고픈 사람은 김치 하나만 달랑 있어도 허겁지겁 밥을 먹을 것이다. 시장이 반찬인 것이다.

　영업은 배부른 사람에게 계속 밥을 먹으라고 다그치는 일이 아니라 배고픈 사람을 찾는 일이다. 강한 의지는 배고픈 사람을 찾는 데 써야 한다. 수많은 배부른 사람 틈에서 배고픈 사람을 찾기는 쉽지 않다. 그러나 배고픈 누군가 반드시 있다는 믿음과 신념을 지키고 계속 찾는 것이 바로 '강한 의지'가 하는 일이다.

지난날을 돌이켜보면 나 역시 엉뚱한 곳에 의지를 낭비한 수많은 시간이 있었다. 그 시간이 있었기에 깨달았고 그래서 다행이지만 나와 같은 전철을 다른 사람이 밟기를 바라지 않는다. 인생이 아름다운 것은 나의 시행착오가 누군가에게는 지름길이 될 수 있고, 누군가의 시행착오가 나에게는 지름길이 될 수 있기 때문이다. 빨리 갈 수 있는 길을 굳이 빙 돌아서 갈 필요는 없다.

지금부터 해야 할 일은 굳은 의지를 올바르게 사용하는 것이다. 영업은 하루에도 몇 번씩 자신과 싸워야 하는 현장에 놓이는 일이다. 이곳을 들어갈까 말까, 전화를 걸어 방문 약속을 다시 잡아볼까 말까, 오늘 컨디션이 완전 꽝인데 일을 할까 말까, 날씨도 추운데 그냥 사무실에서 하루를 보낼까 말까 등 오색 빛깔처럼 여러 상황과 생각이 다채롭게 펼쳐진다.

그때가 바로 '의지'가 빛을 발하는 순간이다. 의지가 있는 사람은 들어갈 것이고, 전화를 걸 것이고, 컨디션이 안 좋아도 현장에 나갈 것이고, 날씨가 아무리 추워도 사무실이라는 따뜻한 공간 대신에 현장이라는 차가운 공간을 택할 것이다. 배고픈 고객을 찾아 나서고, 오늘 못 찾으면 내일 찾을 수 있다는 희망을 안고 오늘도 최선을 다한 자신에게 파이팅을 외치며 잠을 청할 것이다.

이렇게 줄기차게 강한 의지로 밀어붙이다 보면 행운의 여신이 미소를 짓고 배고픈 고객을 반드시 만나게 된다.

앞서 얘기했지만 배고픈 고객에게 산해진미를 내어놓을 필요는 없다. 소박한 음식을 내어놓아도 맛있게 먹을 준비가 되어 있기 때문이다. 고객이 맛있게 먹는 모습을 보면서 또 알게 된다.

'그래, 바로 이거야. 오늘 춥지만 나오길 잘했어.'

강한 의지를 애먼 사용처에 쓰는 경우도 있다.

내가 방문한 고객의 반응이 시원찮다. 시큰둥하고 약간 부정적인 면도 보인다. 쉽게 말하면 배가 잔뜩 부른 것이다.

'지금은 이래도 몇 번 방문하다 보면 반드시 배가 고파질 거야.'

이렇게 판단하고 강한 의지를 가지고 '지성이면 감천' 전략으로 줄기차게 밀고 나간다. 의지를 시험받는 순간이 중간중간 오지만 연연하지 않으면서 소박한 밥상을 차려놓고 고객에게 계속 먹으라는 신호를 보낸다. 그러나 전혀 배고프지 않은 고객은 밥상을 거들떠도 보지 않는다. 그런 고객을 바라보는 시간이 길어지면 마음이 초조해지고 자기 의지를 의심하기 시작한다. 그러다 마침내 내리는 결론.

'아, 나는 의지가 너무 약하구나. 애초부터 영업은 내게 맞지 않는 일이었어. 난 너무 나약해….'

그러고 쓸쓸히 영업의 세계에서 사라진다. 그런데 과연 내 의지가 약해서 생긴 문제일까?

그렇지 않다는 것을 알 것이다. 배가 고픈 고객을 찾아서 밥상을 내어놓아도 먹을까 말까 한데 이미 배가 불러서 식욕 자체가 없는 사람을 계속 찾아가 먹으라고 소리치는 것이 문제이다. 니즈가 없음을 파악했다면 조용히 물러서면 될 일을, 일부러 찾아가서 상처를 받고 자꾸 찾아가니 상처가 깊어지는 것이다.

상처를 받아가며 영업할 필요는 없다. 니즈가 없으면 안 가면 그뿐이다. 굳이 반기지도 않는 곳을 가서 자존심 상하느니 마느니 투덜거릴 필요 없다. 그 시간에 강한 의지로 배고픈 고객을 찾아 나서는 게 현명하다.

영업에는 의지가 필요하지만 무엇보다 그 사용처가 분명해야 한다. 의지는 배고픈 고객을 찾는 데 쓰는 것이다. 내가 정성스럽게 차린 밥상 앞에 앉아 조용히 숟가락을 들고 맛있게 먹을 고객을 만나기 위해서는 아침에 눈뜨는 순간부터 저녁에 잠드는 순간까지 나의 의지가 수난을 당할 수 있다.

그러나 어머니가 애써 차린 음식을 가족들이 맛있게 먹으면 그 모습을 보는 것만으로도 어머니의 피로가 말끔히 사라지듯이 '의지의 수난'도 내가 차린 밥을 고객이 먹는 순간 말끔히 사라진다.

반드시 명심할 것은 의지가 강한 영업인과 니즈가 없는 고객이 만나면 고객이 이긴다는 사실이다. 내 의지를 어디에 써야 하는지 그 사용처를 살피고, 파악했다면 이제 출발하라.

소박한 밥상을 기다리는 배고픈 고객이 있는 곳으로!

설득하지 말고 이해시켜라

어느 날 책을 보다가 눈에 띄는 구절을 발견했다.

"사람은 본능적으로 설득당하는 것을 싫어한다."

이 문장을 보는 순간 망치로 머리를 한 대 얻어맞은 듯 정신이 번쩍 들었다. 영업이란 고객을 설득하는 일로만 알고 있던 나에게 너무나도 큰 충격을 안겨주는 글귀였다. 설득당하는 것을 싫어하는 인간의 본능(?)을 거스르고자 했던 지난날이 주마등처럼 스쳐 지나가며 오늘의 실패가 정해진 수순임을 인식하게 되었고, 영업에 대해 진지하게 다시 고민하기 시작했다.

'내가 판매하는 상품이나 서비스의 우수성을 내가 아는 것이 중요한 게 아니고 고객이 아는 것이 중요하다. 그렇다면 이제부터는 내 상품의 우수성을 최대한 간명하게 정리해서 고객의 눈높이에 맞춰 설명하고 최대한 이해하기 쉽게 배려하면 된다. 사람은 설득당하는 걸 싫어한다고 했다. 이제부터는 설득하려 노력하지 말고, 이해시키려 노력하자. 내가 고객을 정확히 이해시킬 수 있다면 그것으로 내 몫은 다한 것이고, 나머지 선택은 고객의 몫이다.'

'설득'이란 단어를 버리고 '이해'란 단어를 선택하자 고객을 대하는 나의 자세와 설명하는 언어에 많은 변화가 일어났다. 내가 고객에게 상품이나 서비스를 제안은 할 수 있다. 그러나 그 제안에 Yes 또는 No를 선택하는 것은 어디까지나 고객 몫이다. 그 선택에서 가장 중요한 요소가 바로 '고객의 이해'이다.

이 상품이 얼마나 좋은지, 얼마나 도움이 되는지, 투자 대비 효과를 얼마나 많은 부분에서 누릴 수 있는지를 고객이 정확히 이해한다면 Yes를 선택할 확률이 높아진다. 그런데 이해 수준이 낮다면 No를 선택할 확률이 올라간다.

나는 내 상품의 전문가로서 얼마나 좋은지 잘 알고 있지만, 고객은 나만큼 알지 못한다. 기초 지식조차 없는 경우도 많은데 그런 고객들에게 전문용어를 동원해 설명한다고 해서 내가 전문적인 사람으로 보이지도 않는다. '머리 아프네'라는 반응만 불러일으켜 고객의 이해도가 현저히 떨어질 수밖에 없다. 그렇다면 결과는 불 보듯 뻔하다.

어떤 사람이 몸이 아파서 병원을 찾았다. 진찰을 끝낸 의사가 환자에게 몸 상태를 설명했다.

"지금 환자님의 상태는 흉막이… 대뇌가… 후두가…."

의사 앞에 앉은 환자는 도무지 알아들을 수 없는 설명을 들으면서 자기 몸에 엄청난 병이 생긴 것을 직감하고, 참담한 표정으로 물었다.

"알겠습니다, 선생님. 제 몸에 상당한 문제가 있는 거군요. 그럼 제 병명이 한마디로 무엇입니까?"

의사 왈.

"네, 감기입니다. 며칠 푹 쉬시면 낫습니다. 이제 나가셔도 됩니다."

큰 병에 걸린 줄 알고 절망했던 환자가 나가며 큰 소리로 외쳤다.

"아, 참 답답한 양반일세. 처음부터 감기라고 하면 될 것을 왜 어렵게 설명해가지고 사람 간 떨어지게 만들어…. 다시는 오나 봐라."

어느 코미디 프로에서 본 내용이다. 웃자고 만든 설정이겠지만 영업인과 고객의 관계에서 아주 중요한 지점을 엿볼 수 있었다. 의사에게 고객은 환자이다. 전문가로서 환자 상태를 진단했다면 설명할 때는 눈높이를 환자에게 맞춰야 한다. 그래야 환자인 고객이 쉽게 이해할 수 있기 때문이다.

 "프로는 고객의 언어를 쓰고, 아마추어는 자신의 언어를 쓴다."

 고객을 설득이 아닌 이해를 시키기 위해 필요한 것이 상품에 대한 전문성인가, 고객의 눈높이에 맞춘 상품 설명인가? 둘 다 중요한데, 영업에서 결과를 만들어 낼 수 있는 것은 '고객의 눈높이에 맞춘 상품 설명'이다. 이는 내가 판매하는 상품에 대한 전문 지식은 별로 중요하지 않고, 고객이 이해할 수 있는 수준의 전문성만 있으면 된다는 뜻이 아니다.

 많이 아는 것을 복잡하게 설명하는 사람도 있고, 아주 간단하게 설명하는 사람도 있다. 말하자면, 쉬운 것을 어렵게 설명하는 사람도 있고, 어려운 것을 아주 쉽게 설명하는 사람도 있다는 말이다.

고객의 이해를 높이려면 반드시 고객 눈높이에 맞춰 설명해야 한다. 내 상품의 장점을 최대한 단순하게 설명하는 것이 고객의 이해를 높이는 데 가장 중요하다. 프로는 자신이 파는 상품과 서비스에 담긴 어려운 요소를 누구나 알아들을 수 있는 정제된 단순함으로 바꿔 고객을 이해시킬 줄 아는 사람이다. 구매하도록 설득하는 것이 아니라 이해를 통해서 스스로 구매할 수 있도록 배려하는 사람, 그 사람이 진정한 프로이다.

내가 판매하는 상품은 통신 서비스이다. 기업을 상대로 서비스를 제공하는데 주로 만나서 미팅을 하는 상대는 경영지원부나 총무부의 중간관리자이다. 그런데 이런 직책은 남성이 맡기도 하고 여성이 맡기도 한다. 나이 어린 사람도 있고 나이 많은 사람도 있다.

통신 서비스라는 분야가 약간의 전문성(?)을 갖다 보니, 현재 회사에서 어떻게 사용하고 있는지를 남성 직원도 잘 모르고 여성 직원은 더더욱 모르는 경우가 흔하다.

이런 미팅 상대를 만나서 현재 회사에서 사용하는 서비스를 먼저 이해시키고, 내가 제안하는 서비스와 비교 분석해 우리 상품의 우수성을 설명하는데 다들 바쁜 사람들이다 보니 설명할 시간이 길지 않다. 짧은 시간이지만 아무런 기초 지식이 없어도 상식이 있는 사람이라면 누구나 알아들을 수 있는 언어로 나는 고객을 이해시키려고 노력한다.

다행스럽게도 그 노력이 헛되지 않았고, 많은 사람이 내 고객이 되어주었다. 그들 중에는 여성이 많은데 특히 나이가 좀 드신 아주머니가 많다. 내가 구수하게(?) 생겨서가 아니라 최대한의 단순함을 무기 삼아 남녀노소 가리지 않고 누구나 쉽게 이해할 수 있게 상품을 설명하기 때문이다. 따라서 상품에 대한 고객의 이해도가 높고 Yes를 선택하는 확률 또한 높다.

현장에서 담당자들에게 자주 듣는 말이 있다.

"여러 분이 이 일 때문에 다녀가셨는데 그중에 설명을 가장 잘 하시네요. 전에는 설명을 들어도 이해가 잘 되지 않아서 망설였는데, 지금은 정말 확실하게 이해됩니다. 우리 회사에 도움이 되는 게 맞네요. 기안해서 결재를 올려보겠습니다."

담당자가 이해했다면 기안은 꼭 할 것이고, 내가 이해시킨 그 사람이 윗사람을 이해시킬 것이다. 나와 동일한 상품을 영업하는 어떤 사람은 톱 세일즈맨인데 나는 맨날 바닥만 치고 있다면 자신이 고객과 상담할 때 사용하는 언어를 가장 먼저 점검해봐야 한다. 그리고 고객의 눈높이에 맞는 언어로 이해시키고 있는지, 막무가내로 설득하려고 하는지를 살펴야 한다.

선택은 철저히 고객의 몫이다. 고객은 이해가 되면 Yes를 선택할 수도 있고 No를 선택할 수도 있다. 그러나 이해가 되지 않으면 선택은 하나뿐이다.

바로 'No.'

그러니 설득하지 말고, 가장 쉬운 언어로 고객을 이해시켜라!

프로모터의 최강자

"대표님, 똑같은 상품을 파는데 왜 대표님은 다른 영업 사원보다 실적이 훨씬 좋으세요? 비결을 좀 알려주십시오."

"○○ 씨가 봤을 때 내가 다른 사람들과 무슨 차이가 있는 것 같아요?"

"제가 생각했을 때는 대표님이 말씀을 잘해서 그런 거 아닐까요?"

"내가 남들보다 말을 잘해서 그런 거다? 우리 영업 사원 중에 나보다 말 못하는 사람도 있나요? ○○ 씨도 말 잘하잖아요."

"그렇긴 해도 제가 생각했을 때는 다른 사람들보다 유독 말씀을 잘하시는 것 같아요."

"음… 그래요, 그러면 고객을 만났을 때 하는 상품 설명을 한번 내 앞에서 그대로 해볼래요?"

직원은 자신이 고객에게 상품을 설명하는 장면을 그대로 재연

했다. 그것을 보고 나서 나도 고객을 만났을 때 하는 방법을 그대로 해 보았다.

"○○ 씨하고 내가 무엇이 다른 것 같아요?"

"…. 대표님 상품 설명이 좀 더 이해하기 쉽고 좋은 것을 저렴하게 제공한다는 느낌이 많이 들게 하는 것 같습니다. 같은 말이긴 한데 표현이 좀 다른 것 같네요."

같은 상품을 같은 조건에 파는데도 영업인마다 실적 차이가 많이 나는 이유는 무엇일까?

왜 누구는 잘 팔고 누구는 못 팔까?

여러 가지 이유가 있는데, 그중 하나는 '표현력'이다. 우리 영업인은 팩트fact를 전달하는 뉴스 앵커가 아니라, UFC 경기에서 선수들을 멋지게 표현하는 프로모터가 되어야 하는 사람이다. 쉽게 말하면 내 상품에 관한 팩트를 예쁜 포장지로 포장해서 고객 앞에 내놓을 줄 알아야 한다는 뜻이다.

누군가에게 선물을 줄 때 내용물이 아무리 좋아도 포장이 이상하면 값어치가 떨어져 보이고, 내용물이 흔한 것이어도 포장이 근사하면 상대방이 기분 좋게 받을 수 있는 것처럼, 고객에게 나의 상품을 멋지게 포장해서 보여줄 때 강한 호기심을 유발할 수 있다. 포장이 내 손에서 상대에게 건네지는 그 순간 잠깐 빛나는 것일지라도 그것을 무시하면 안 된다. 백화점에서 선물 포장에 신경

을 많이 쓰는 이유이다.

다음 두 경우의 대화를 보자.

"이거 얼마죠?"

"한 바구니에 만 원입니다."

"이거 얼마죠?"

"아, 이거요? 오늘 아침에 산지에서 직송된 건데요, 빛깔이 참 곱죠? 한 개 먹어봤는데 정말 싱싱하고 맛이 아주 꿀맛입니다. 한 바구니에⋯ 만 원이에요. 값도 아주 저렴하죠? 오늘 정말 많이들사 가시네요."

전자의 대답은 팩트만 전달했고, 후자는 팩트에 포장을 입혔다. 한 바구니에 만 원이라는 사실은 같지만 그것을 수용하는 고객 입장에서는 후자가 훨씬 싸게 느껴지고 좋게 느껴지지 않겠는가?

후자의 가게에서 물건을 훨씬 많이 파는 이유는 따로 설명할 필요가 없다. 이게 바로 표현력이 영업에 미치는 아주 중요한 영향력이다.

영업인이 자신의 상품을 실감 나게 표현하면 할수록 고객의 구매를 유도하기가 훨씬 쉬워진다. 나는 이런 식으로 표현하는 것이 몸에 배어 있다. 어디 가서 무엇을 보거나 여행을 갔다 오거나 하면 풍부한(?) 표현력으로 듣는 이가 실감 나는 상상을 하게끔 한다. 특히 맛있는 음식을 먹고 오면 표현을 과하게 하는 경우가 많다.

"야… 그 집 음식 맛이 정말 기가 막혀. 지금까지 먹었던 데는 다 잊어. 정말로 환상적이라는 말밖에는 할 말이 없어. 이거야 말로 지존이다, 지존. 와~~~!"

감탄사를 많이 동원하기 때문에 말만 들어도 입에 군침이 돌고 정말 맛이 좋을 것처럼 느껴지지 않는가? 이런 식으로 내가 다루는 상품이나 서비스를 설명하면 고객은 머릿속으로 상상하게 된다. 상품(서비스)을 소유하고 사용했을 때 느낌을 미리 짐작해보는 것이다.

상상력을 불러일으키고, 자극하는 것은 팩트가 아니라 풍부한 표현력이다. 풍부한 표현력으로 상상력을 높이면 구매로 이어질 확률 또한 높아진다. 영업은 말을 잘하는 능력이 아닌 표현을 잘하는 능력이 필요한 직업이다. 내 상품을 멋지게 포장해서 고객 앞에 내놓으면 구매로 이어지는 경우가 많다.

표현력이 좋으면 득이 되는 또 한 가지 이유는 고객이 내 말에 귀를 기울이게 만들 수 있다는 것이다. 내 입에서 전해지는 상품에 대한 풍부한 표현이 상상력을 자극하면 고객의 귀가 자극받아 내 눈빛, 손짓, 몸짓에 반응하게 된다. 그러면 자연스럽게 내 얘기에 빠져들게 할 수 있다. 고객이 내 얘기를 듣는 데 집중하는 시간은 굉장히 중요하다. 듣는 둥 마는 둥 하면 10시간을 얘기한들 남는 게 없다.

그런데 풍부한 표현력을 동원하여 프레젠테이션을 하면 고객이 1분을 듣더라도 집중해서 듣게 되고, 내가 전하고자 하는 메시지를 정확하게 이해하게 된다. 주의를 내게 집중시킬 수 있다는 것은 칼자루를 손에 쥔 것이나 다름없다.

이처럼 표현력을 제대로 갖추면 같은 상품이라도 특별하게 보이게 할 수 있고, 단시간 내에 고객의 시선을 집중시킴으로써 빠른 선택을 유도할 수 있다. 예쁘게 포장된 선물이 눈앞에 반짝반짝 빛나고 있다고 상상해보라. 얼른 가지고 싶지 않겠는가?

바로 그런 마음을 갖게끔 하는 것이 표현력이다.

클로징의 의미

"시작이 반이다"라는 말이 있다.

그렇다. 시작하면 일단 절반은 성공한 셈이다. 그런데 절반의 성공은 완전한 성공이 아니다. 시작하지 않는 것보다 성공할 확률은 50% 높지만 나머지 50%가 아직 남아 있다. 나머지 50%를 채워야 100%가 완성된다. 그 나머지 50%란 끝을 명확히 하는 것이다.

일단은 영업인이 전달하려는 메시지를 고객에게 정확히 전달했다면 'Yes 또는 No'라는 결정을 정확히 받아야 일을 끝맺은 것이다. 이것을 '클로징'이라고 하는데 생각보다 많은 사람이 이 클로징을 제대로 하지 못하고 계속 사람을 만나 또 다른 시작만 하는 경우가 많다.

왜 클로징을 하지 못할까? 고객의 거절이 두렵기 때문이다. 그런데 한 가지 알아야 할 것이 있다. 클로징의 의미는 고객에게 Yes를 받는 것이 아니다. 내가 생각하는 클로징은 내가 시작한 일이 정확히 끝이 나는 것이다. 상품이나 서비스에 고객이 Yes를 선택해야 클로징이 제대로 됐다고 생각하는 것은 상당히 무리한 발상이다. 그렇게 생각하면 클로징을 강하게 하기가 어렵다.

"하셔도 되고 안 하셔도 됩니다. 단, 가부간 결정은 확실히 지어주십시오."

이게 나의 클로징이다. 제안을 수락하면 정말 좋겠지만 안 할 수도 있음을 나는 알고 있다. 내게 필요한 것은 'Yes 또는 No'라는 확실한 답변이지 오로지 Yes인 것은 아니다. 내가 만난 모든 고객이 나의 제안을 받아들일 수는 없다. 그렇게 믿고 영업하는 사람은 없겠지만 의외로 모든 고객이 Yes를 선택하기를 은근히 바라는 경우가 참으로 많다.

Yes를 선택하는 것은 순전히 고객의 몫이다. 그러니 고객의 몫으로 온전히 남겨두라. 내가 할 일은 내 일을 제대로 하는 것이다. 고객에게 나의 상품과 서비스를 제대로 보여주는 것이 내 일이다. 고객에게 정확한 메시지를 전달했다면 그것으로 끝이 아니라 결정을 지어야 할 시기가 왔을 때 'Yes 또는 No'라는 확실한 답변을 받아내는 것이다. 그제야 일이 제대로 마무리되고, 그제야 일을 제대로 한 것이다.

하루에도 미팅을 몇 건씩 하는데 미팅 건수에 비해 실적이 너무 낮은 직원이 있었다. 미팅은 많이 다니고 제안도 많이 하는 것에 비해 실적이 오르지 않아 본인도 열정이 식은 듯해서 내가 물어봤다.

"고객은 많이 만나는 것 같은데, 혹시 만나는 고객들한테서 정확한 의사 결정을 받고 있나요?"

"아뇨. 제안만 하고, 전화로 Yes 하는 고객들만 다시 만나는데요. 전화가 안 오면 당연히 No 하는 것이라 생각하고 다시 연락을 취하지는 않습니다."

그래서 내가 피드백을 정확히 해줬다.

"물론, 전화가 안 오면 No라는 의사 표현일 수도 있습니다. 그러나 아닐 수도 있어요. 담당자가 바빠서 기안을 제대로 못 했을 수도 있고, 관심은 있고 궁금한 점이 있는데 다른 업무가 바빠서 영업인에게 전화해서 물어보는 것을 잊을 수도 있지요. 고객의 의사 표현도 중요하지만 일을 시작하고 끝맺음하는 자세가 더 중요합니다. 일을 시작한 것은 참 잘했고, 많을 사람을 만나는 것도 정말 잘했는데, 그 많은 미팅 중에 의사 표현을 정확하게 받는 경우가 20%라면 80%는 일을 안 한 것이나 다름없습니다. 일의 시작은 고객을 만나는 것이고, 그 끝은 정확한 의사 표현을 받는 것입니다. 앞으로는 일의 시작과 끝을 정확히 해보세요. 더 좋은 결과가 있을 겁니다. 힘내세요!"

그 직원은 내 말을 제대로 이해했다. 그 후 고객에게 Yes를 받기 위한 클로징이 아니라 자기 일의 시작과 끝을 명확히 하기 위해서 클로징을 하기 시작했고, 실적이 전보다 훨씬 더 나아졌다.

영업에서는 고객에게 Yes를 받는 것도 중요하지만, 내가 일을 시작했고 끝냈다는 나 자신의 마무리가 더 중요하다. 고객에게 결정을 요구하는 것은 잘못된 일이 아니다. 나와 고객이 만난 그 시간의 의미를 명확히 해야 한다. 그저 심심풀이로 커피 한잔 나누면서 이런저런 얘기를 하는 것은 친구들이랑 하는 것이다.

시간은 금이고, 영업인에게 시간은 자본금과 같다. 그 자본금

을 헛되이 쓴다면 조만간 자본 잠식 상태에 빠질 수도 있다. 회사 자본금이 잠식되면 경영에 곤란이 초래되는 것처럼 영업인에게도 그와 마찬가지인 일이 일어날 수 있다. 내가 고객을 만났는데 고객은 왜 나를 만났는지 모른다면 그보다 황당한 일이 어디에 있을까? 왜 나를 만났는지를 고객에게 정확히 인지시키는 것이 의사결정을 받는 일이다. 그러니 클로징에 새롭게 의미 부여를 해야 한다.

클로징은 고객에게 나의 제안에 대해 Yes를 하라고 압박하는 것이 아니라 일의 정확한 마무리이다. 고객이 No를 해도 좋으니 정확한 의사 표현을 받아야 한다. 그래야 나는 내 일을 마무리하고, 다른 고객을 대상으로 일을 시작할 수 있기 때문이다.

클로징은 Yes를 받기 위해서가 아니라, 내 일을 마무리하기 위해서 하는 일이다.

시간차 공격

『김밥 파는 CEO』라는 책에 보면 비즈니스는 시간과의 싸움이고 시간이 많은 사람이 이긴다는 내용이 나온다. 집을 팔려는 사람과 사려는 사람이 있다고 치자. 만약 팔려는 사람이 시간이 없으면 급매를 하려고 할 것이고, 그러면 싼값에 집을 내놓게 된다. 반대로 사려는 사람이 시간이 없으면 값이 비싸도 집을 사려고 할 것이다. 이게 바로 시간이 많은 사람이 비즈니스에서 이기는 원리이다. 오래전 그 책을 읽었을 때는 이 내용을 정확히 이해하지 못했다. 그런데 지금은 확실히 이해가 된다.

영업은 철저히 시간과의 싸움이다.
이달에 달성해야 할 목표가 있는데 그 목표치에 도달하기 위해 확보한 예비 고객이 없다면 시간이 없는 것과 같다. 그러면 고객을 만났을 때 빨리 Yes를 받아내고 싶어 무리수를 두게 되고 고객이 혹할 만한 카드를 빨리 꺼내놓게 된다. 그때 고객이 Yes를 하면 다행이지만 No를 하면 고객을 끌어당길 카드가 더 이상 없어 쓸쓸히 고객을 떠나보내야 하는 안타까운 상황이 벌어진다.

반대로 예비 고객이 충분한 상태에서 고객을 만나면 내게는 시간이 있다. 그러면 심리적 여유가 있는 상태에서 고객을 만나게 되고, 무리수를 두지 않는 정상적인 범위에서 제안을 할 수 있다. 또 고객이 결정하기까지 시간을 갖고 기다릴 수 있고, 고객이 머뭇거릴 때 먹음직스러운 이벤트를 꺼내놓을 수 있다.

이것을 나는 '시간차 공격'이라고 일컫는다. 비장의 카드가 있지만 처음 만났을 때 사용하지 않았기 때문에 시간을 두고 두 번째, 세 번째 만남에서 그 카드를 쓸 수 있다. 고객 입장에서는 No를 하려다가도 내가 시간차 공격에 쓴 비장의 카드 때문에 다시 고민하게 되고 내 입장에서는 시간을 끌면서 압박(?)을 할 수 있다. 이게 바로 현장에서 일어나는 시간과의 싸움이고 그 싸움에서 우위에 서야 영업을 승리로 이끌 수 있다는 얘기이다.

그러면 영업에서 내게 시간이 많을 수 있는 비결은 무엇일까? 답은 간단하다. 예비 고객이 많으면 된다. 눈앞에 있는 고객이 내 제안에 지금 No를 하더라도 그 사람 말고도 많은 고객이 나를 기다리고 있다면 나는 시간을 많이 갖고 영업을 할 수 있다. 그럼으로 인해 눈앞의 고객에게 당장 Yes를 받기 위한 무리수를 두지 않고, 폼 나는 영업을 할 수 있는 것이다.

한 회사에 내가 제품 제안을 했다. 결정의 시간이 왔고, 나는 확실한 클로징을 진행하려고 했다. 그런데 고객 측에서는 다른 회사의 제품과 견적을 비교하고 있었고, 아직 결정을 내리지 못하는 상황이었다. 나는 통화를 하고 다시 방문했다.

"담당자님, 결정을 미루신 보람이 있네요. 사실은 이번에 저희 프로모션이 추가로 나왔거든요. 역시 복이 있는 회사는 뭐가 달라도 다릅니다. 처음에 제안을 드린 것 외에 더 많은 혜택을 드릴 수가 있게 됐습니다. 어떤 내용이냐면요…."

결정을 하지 못하고 머뭇거리는 상황에서 나의 2차 공격에 고객은 마음이 흔들렸고, 마침내 Yes를 받아냈다. 이런 일은 무수히 많았다. 내가 이런 방식으로 영업할 수 있었던 것은 내게 예비 고객이 상당수 있었고, 그들로 인해 시간적 여유가 있었기 때문이다. 그래서 고객의 결정을 돕기 위한 2차 공격에 나섰고, 그때 쓴 카드가 먹힌 것이다.

무술 영화에서 보면 등장인물들이 막상막하로 싸우다가 자기가 밀리는 시점이 오면 비장의 카드를 꺼내든다. 그게 '필살기'이다. 그 필살기로 인해 싸움의 전세를 뒤집고 이기는 장면이 심심찮게 연출된다.

　영화에서 보듯이 '필살기'를 쓰는 시점은 초반이 아니고, 막판이다. 내게 시간이 있으면 나중에 필살기를 쓸 수 있지만, 시간이 없으면 초반에 써야 하는 상황이 벌어진다. 내 경험상 초반에 쓰는 필살기는 필살기로서의 파워가 상당히 떨어진다. 고객은 원래 있는 것을 내민다고 생각하기 때문이다.

　그런데 시간을 두고 하는 것은 다르다. 처음 만났을 때 카드를 다 쓰는 경우와 일주일 후 혹은 한 달 후 다시 만나 비장의 카드를 쓰는 것은 고객 입장에서 느낌이 전혀 다르다.

　1차 제안 때보다 더 나은 것, 즉 비장의 카드를 간격을 두고 시간차 공격에 따라 꺼내놓으면 고객의 Yes를 유도하기 쉽다.

관건은 내가 예비 고객을 충분히 확보함으로써 시간을 벌어야 한다는 것이다. 예비 고객이 빠지면 그만큼 더 채워 계속 시간을 벌면서 영업해나간다. 시간이 있는 상태에서는 2차, 3차에 이르는 시간차 공격을 할 수 있다. 그러나 시간이 없으면 이것을 할 수가 없다.

영업에서 승리는 시간이 많은 사람의 것이다. 이제 해야 할 일은 충분한 시간을 확보하는 일이다. 그러기 위해서는 예비 고객을 많이 만들어야 하고 예비 고객을 만들기 위해 오늘도 분주히 움직여야 한다.

거절을 견디어내는 갑옷

영업에 숙명이 있다면 그건 단연코 한 단어로 귀결된다.

'거절'.

많은 사람이 영업 일을 싫어하고 거부하는 것은 바로 이 녀석 때문이다. 이 녀석 때문에 가슴 아픈 속앓이를 하고, 배신감을 느끼고, 지금 이 시간에도 많은 사람이 영업 일에서 떠나간다.

"안 써요."

"필요 없어요."

"여기 어떻게 들어온 겁니까? 빨리 나가세요!"

내가 현장에서 하루에도 몇 번씩 들은 말이다. 온종일 가는 곳마다 이런 말을 듣고 집으로 돌아가는 저녁이면 다리에 힘이 풀렸다. 몸 컨디션이나 기분이 좋은 날에는 거절당해도 이겨낼 만한

데, 몸이 아프거나 기분이 다운된 날에 날아오는 '거절'은 거대한 화살이 되어 내 심장에 깊이 박혔다. 그 화살은 한번 박히면 잘 빠지지 않아서 그다음 사무실을 방문하기가 더없이 힘들어 한참을 심호흡한 후에 문을 두드리곤 했다.

말로 하는 거절은 그나마 다행이다. 사무실에 들어가서 내 소속을 밝히고 말을 잇는데 상대방이 책상에 앉아 손가락만 까딱거리며 나가라고 지시하거나 나는 쳐다보지도 않고 자기 일만 하며 투명인간 취급하는 경우도 많았다. 그런 일을 당할 때면 차라리 "나가세요"라는 말 한마디가 따뜻하게 느껴졌다.

그런데 사람 마음이 참 간사하게도, 세찬 거절이 눈 녹듯 사라지는 순간이 있었다.

"교체를 고려하던 중인데 잘됐네요. 회의실로 가서 다시 얘기하시죠."

"아… 이런 게 있었나요? 괜찮네요. 지금은 좀 바쁜데 내일 10시에 다시 오시면 안 되나요?"

이런 고객을 만나는 순간, 좀 전까지만 해도 군데군데 박혀 있던 거절의 화살이 일시에 뽑혀 나가고 다음 고객을 향하는 발걸음에 힘이 넘쳐났다. 또다시 이어질 거절의 화살이 더 이상 두렵지 않았고, 또 맞더라도 아픔이 느껴지지 않았다.

그때 알게 된 것은 고객이 Yes 할 때 눈에 보이지는 않지만 단

단한 갑옷이 내게 입혀지고, 그 갑옷이 다른 고객의 No를 막아내는 힘으로 작용한다는 사실이다. 그렇다면 내가 할 일은 내게 갑옷을 입혀줄 고객을 찾아내는 것이고 갑옷을 빨리 입으려면 더 많은 고객을 만나는 길밖에 없었다.

고객의 Yes를 받을 때마다 내 갑옷은 점점 더 튼튼해졌다. 갑옷 위에 갑옷이 덧입히기 때문이다. 점점 더 과감하게 거절을 받아들일 수 있는 상태가 되었다.

그런데 한번 입은 갑옷이 영원한 것은 아니었다. 덧입어야 갑옷이 유지되고 강해진다. 그러지 않으면 입은 갑옷이 하나씩 떨어져 나갔고, 급기야는 다시 맨몸이 되어 호된 거절의 화살이 가슴에 박혔다.

거절이 가슴에 박힐 때마다 내 머릿속에는 늘 한 가지 생각뿐.

'빨리 갑옷을 입어야 해. 갑옷을 입으려면 더 많은 곳을 방문하는 수밖에 없다. 오늘도 갑옷을 입혀줄 고객을 빨리 찾아보자.'

이렇게 생각하고 열심히 돌아다니곤 했다.

세상에 거절이 좋은 사람이 어디 있으랴! 나 역시 수천 번 거절당했다. 그게 좋아서 당한 것은 아니다. 그저 영업에서 거절은 숙명이라는 것을 알았고 인정했던 것뿐이다. 다행히도(?) 중간중간 수없이 갑옷을 찾아서 입었다. 갑옷을 입을 때마다 그동안 쌓인 거절이 눈 녹듯이 사라졌고, 얼마 동안은 갑옷이 거절의 화살로부터 내 몸을 보호해줬다. 그리고 갑옷이 해지기 전에 또 다른 갑옷을 덧입어서 점점 더 강한 갑옷을 입는 사람이 되고자 노력했다.

한편, 거절만 당하며 사는 게 아니라, 나 역시 거절을 많이 하며 살아간다. 하루에도 몇 번씩 대출, 보험, 인터넷 가입 등등을 권유하는 전화나 문자가 온다. 지인들이 뭘 좀 해달라고 부탁하기도 한다. 나는 대부분 거절하는데 그러고 보면 세상은 공평한 셈이다.

거절은 시련을 준다. 특히 Yes라고 할 것이라 믿었던 고객이 No를 하면 거대한 화살이 가슴에 박히는 것 같다. 한동안 정신을 못

차리기도 하고 내 업에 대한 회의가 들기도 한다. 그런데 그것을 피할 수는 없다. 거절의 화살을 쏘는 사람은 그 사람 처지에서는 당연한 일을 한 것으로 인정하고, 나는 내가 할 일만 하면 된다.

그 일이란 "Yes"라고 말할 고객을 찾아서 빨리 갑옷을 입는 일이다. 갑옷이 없다면 빨리 입어야 하고, 입었다면 해지고 떨어져 나가기 전에 얼른 덧입어야 한다. 그러지 않으면 효과가 금세 줄어든다. 맨살에 모기만 물려도 따갑고 간지러운데 거절은 강도가 그보다 훨씬 세다. 하지만 그 강도를 줄일 수 있고 아프지 않게 만들 수 있다.

바로 Yes라는 갑옷을 입는 것이다. 그리고 최대한 많이 입어라. 거절이란 화살이 감히 뚫을 수 없도록!

끄는 게임 vs. 끌려가는 게임

　스포츠 경기에는 '주도권'이라는 게 있다. 말 그대로 게임을 리드하는 것인데, 이 주도권이 어느 쪽으로 넘어가는지에 따라서 경기의 승패가 달라진다. 그래서 스포츠 경기는 주도권을 거머쥐기 위한 싸움이라고도 볼 수 있다.

　영업에도 스포츠 게임처럼 주도권 싸움이 있다. 선수는 영업인인 나와 고객이다. 이 게임도 주도권을 누가 가지느냐가 승패를 좌우한다. 그렇다면 영업이라는 게임에서 승리하기 위해 주도권을 가지려면 과연 어떻게 해야 할까?

　영업이라는 게임은 영업인이 고객에게 상품을 제안하면서 시작된다. 그때부터 'Yes 또는 No'를 결정하는 때까지 고객과 나 사이에 주도권 싸움이 벌어진다. 물론, 선택은 고객의 몫이지만 내 입장에서는 Yes로 결정이 나야 수입이 생긴다. 이때 중요한 것은 주도권이 누구에게 있느냐는 것이다. 주도권을 가진 쪽에 결정을 짓게 하는 힘이 있기 때문이다. 그렇다면 나에게 주도권이 있으려면 어떻게 해야 하는가?

답은 하나, 내가 가진 예비 고객이 많으면 된다. 그 수가 많으면 주도권이 나에게 있고, 없거나 적으면 주도권은 고객에게 넘어간다.

사람에게는 숨길 수 없는 감정이 있고, 이 감정은 영업에서도 여실히 드러난다. 예비 고객이 충분히 준비되어 있다면 나의 얼굴 표정, 말투, 자세에서 당당함이 우러나오고 고객에게 그대로 전달된다.

예비 고객이 많은 상태에서 제안을 하면 고객은 '나'라는 사람과 내가 제안한 '상품'에 강한 신뢰를 느끼면서 'Yes 또는 No'를 결정하기 앞서 진지하게 검토하게 된다. 바로 주도권이 내게 있는 경우이다.

반대로 예비 고객이 없거나 적으면 내가 지금 제안을 하고 있는 상대 고객에게 본의 아니게 목을 매게 된다. 그 고객의 "Yes"가 이번 달 수입과 직결되기 때문이다. 눈앞에 있는 고객의 승낙 유무로 내 수입이 결정되는 상황에서는 게임의 주도권이 자연스럽게 고객에게 넘어간다. 내 표정과 말투에서 '고객님이 꼭 Yes를 해주셔야 제가 수입이 생깁니다' 하는 뉘앙스가 절로 풍기기 때문이다.

물론 그런 상태에서도 나의 상품을 선택하는 고객이 있을 수 있다. 그런데 내가 전하고 싶은 메시지는 고객의 Yes 또는 No가 아니라 게임을 이끌어가는 영업인의 심리 상태이다. 영업인인 내가 게임을 이끌어야 하는데 고객이 이끌면 여러 가지 문제가 발생한다.

가장 큰 문제는 내가 고객의 처분만을 목 빠지게 기다리는 상황이 연출되는 것이다. 그런 상황에서는 게임의 결과가 고객의 'No'일 확률이 높고 그에 따라 내가 받는 심리적 타격은 더할 나위 없이 크다. 수없이 거절당했다고는 하지만 거절이 유독 아픈 순간이 있다면 바로 그런 순간이다.

영업을 하면서 수없는 주도권 싸움을 한다. 예비 고객이 최대한 많아야 주도권을 내가 가진다는 것을 경험을 통해 알게 된 이후로 나는 이 게임에서 지지 않기 위해서 열심히 땀을 흘렸다. 그리고 주도권을 갖기 위해 날마다 신규 고객사 문을 두드렸다.

그런데 모든 일이 내 맘처럼 되지는 않았다. 최선을 다해서 일하고 어떻게든 예비 고객을 만들고자 힘을 썼음에도 그렇게 되지 않는 달도 많았다. 그런 달은 나도 모르게 심리적으로 많이 위축됐다.

되든 안 되든 결정을 지을 수 있게 강하게 밀어붙이고 싶어도 혹시 고객이 "No"라고 할까 봐 결정을 유도하지 못하고 고객의 처분만을 기다리곤 했다. 영업을 하면서 가장 힘든 심리 상태가 이런 순간인 것 같다.

"담당자님, 가부간의 결정이 나셨습니까?"
"아뇨, 아직입니다."
"그럼 제가 언제쯤 다시 연락드리면 결정이 나실까요?"
"다음 주 월요일에 연락을 주세요."
"네, 알겠습니다."

그리고 일주일이 지났다.
"담당자님, 결정이 나셨습니까?"
"아뇨, 아직입니다."
"네… 바쁘셨군요. 언제 다시 연락드리면 결정이 날까요?"
"다음 주 내로 결정을 내겠습니다."
"네, 그럼 다음 주 중에 전화드릴게요."

다시 일주일이 지났다.
"담당자님, 결정이 나셨습니까?"
"아직인데요…. 결정이 나면 제가 연락을 드릴게요."
그런데 연락을 준다던 고객이 연락하는 걸 솔직히 거의 보지 못했다. 예비 고객이 많다면 내가 먼저 Yes든 No든 결정을 지어버릴 텐데, 상황이 그러지 못하다 보니 계속 끌려다니게 되고 결국

에는 "No"를 듣게 되는 것이다. 이런 상항을 우스갯소리로 '희망 고문'을 당했다고 표현한다.

내가 주도권을 가진다고 모든 고객이 "Yes"를 하지는 않는다. 그러나 게임을 리드하는 것은 굉장히 중요하다. 내가 영업을 이끈다 해도 모든 고객이 "Yes"를 하지 않는데, 고객에게 끌려다니면 거의 백전백패나 다름없기 때문이다.

그래서 우리는 어떻게든 영업이라는 게임을 이끌어가야 한다. 그러려면 충분히는 아니더라도 어느 정도 예비 고객이 늘 있어야 한다. 이게 게임을 리드하는 핵심 포인트다. 끌려가는 상황이 연출된다 싶을 때는 정신 바짝 차리고 더 많은 예비 고객을 확보하기 위해 뛰어라. 그게 게임에서 승리할 수 있는 첫 번째 요건이자, 마지막 요건이다.

자부심이라는 속옷
확신이라는 셔츠
세상에서 가장 멋진 지속이라는 슈트
성실이라는 최고의 신발
'지금 당장' 정신
마지막 패까지 보는 정신

3

현장은 '절대 무장'을 한 사람에게 길을 열어준다

자부심이라는 속옷

고객사 미팅을 갔는데 만나기로 한 담당자가 자리에 없었다.

"안녕하세요? ○○○에서 온 정원옥이라고 합니다. □□□ 과장님 자리에 안 계십니까? 오늘 미팅을 하기로 했는데요…."

"아, 그러세요? 지금 자리에 안 계신데 밑에 접견실이 있습니다. 그곳에 가서 기다리시면 연락을 취해서 가시도록 안내해드리겠습니다."

접견실로 들어서니 공간이 파티션으로 나뉘어 있는데, 한쪽에 미팅을 하고 있는 팀이 있었다. 자리를 잡고 앉아서 기다리는데, 그쪽에서 전화벨이 울렸다.

"뭐, 누구? 아… 거기 영업하러 온 거야. 나 없다고 그래. 바쁘니까 끊어."

알고 보니 내가 만나기로 한 담당자가 옆자리에서 다른 사람들과 미팅을 하고 있었던 것이다. 그 통화 내용을 듣고 있던 나는 얼굴이 화끈거려 조용히 일어나서 그 자리를 빠져나왔다. 차를 타고 다른 미팅 장소로 이동하는데 충분히 기분 나쁠 수 있는 상황인데도 나는 전혀 기분이 나쁘지 않았다. 왜냐하면 나는 자부심이라는 속옷을 입고 있었기 때문이다. 그 담당자가 봤을 때 나는 자신을 귀찮게 하는 흔한 영업 사원일지 모르지만 나는 그렇게 생각하지 않았다.

"나는 영업 사원이 아니야. 나는 비즈니스맨이다. 비즈니스맨은 사소한 일에 마음이 흔들리면 안 되는 거야. 그러면 큰일을 못한다."

나는 자신을 비즈니스맨이라 생각하고 확률세일즈를 했다.

하지만 자부심이라는 속옷을 입기까지는 나 역시도 오랜 세월이 걸렸다. 가정의 돌봄이 절실히 필요했던 어린 시절에 부모님의 이혼과 어머니의 가출로 인해서 단 하루도 편할 날이 없었고 스무 살이 되도록 눈칫밥을 먹었다.

스물네 살에 군대를 제대하고 이런저런 직업을 거치며 세일즈를 했지만 10년 동안 지하에서만 살았다. 두더지로 인생을 마감할 뻔한 사람에게 자부심이라는 단어는 사치일 뿐이었다. 그러나 2009년 확률세일즈를 하면서 나는 변하기 시작했다.

한번은 합정역 근처에서 방문판매를 하는데, 한 건물 출입구에

잠금장치가 설치돼 있었다. 초인종을 눌렀다.

"안녕하세요? ○○○입니다. 공지해드려야 할 사항이 있어서 잠깐 들렀는데요, 문을 좀 열어주시겠습니까?"

"필요 없어요."

뚜뚜뚜….

퉁명스런 여직원은 내 말이 끝나기도 전에 인터폰을 끊어버렸다. 그날따라 수도 없이 거절당한 터였는데 잡상인 취급까지 하며 문조차 열어주지 않는 여직원의 태도에 나는 몹시 화가 났다. 다시 초인종을 누르고 말했다.

"아가씨, 저희가 공지할 내용이 있어서 연락드렸는데 말이 끝나기도 전에 전화를 끊으면 어떻게 합니까? 제가 잡상인인 줄 아세요? 필요한 내용이 있어서 그런 건데 이건 좀 너무하지 않나요? 통신 담당 하시는 분 계세요, 안 계세요? 제가 그분한테 직접 말씀드리고 갈 테니까 당장 바꾸세요."

인터폰에 대고 화난 목소리로 말하니까 여직원이 약간 무서워하는 눈치였다.

"아… 죄송해요. 지금 안 계신데 전화번호를 알려드릴게요. 번호가….''

여직원이 알려준 번호로 전화를 걸어서 내용을 설명했더니 지금 상황에서는 교체할 수 없는 곳이었다. "알았습니다" 하고 전화를 끊고, 나는 옆 건물로 이동해 일을 계속했다. 어둑어둑해져서야 일을 마치고 집에 가는데 전화가 한 통 걸려왔다.

"안녕하세요? 아까 통화한 사람인데요, 우리 여직원이 지금 많이 울고 있어요. 잘 몰라서 그런 건데 통화해서 사과 좀 해주면 안 될까요? 부탁입니다."

나를 잡상인 취급하는 태도에 화가 나서 항의조로 말하긴 했지만 내심 미안하기도 해서 정중히 사과했다. 그때와 같은 일을 지금 다시 겪는다면 "네, 알겠습니다" 하고 아무렇지도 않게 지나쳤겠지만 그때는 자부심이라는 속옷을 입지 않은 상태였다.

어느 책에선가 속옷은 최고 좋은 것을 입으라는 글귀를 읽은 적이 있다. 아무도 보지 않는 속옷이지만 좋은 것을 입으면 자신도 모르게 자신감과 자부심이 생긴다는 내용이었다. 그때는 이해를 못했는데 이제는 이해가 된다.

자부심은 굉장히 중요하다. 영업하는 사람에게 자부심은 거절이라는 총알로부터 몸의 중요한 부위들을 지켜낼 수 있는 방탄복 같은 것이다. 방탄복을 입은 사람은 총알을 두려워할 필요가 없다. 아무도 보지 않는 얇은 속옷을 가장 좋은 것으로 골라 입듯이 우리 영업인은 자부심이라는 정신적인 속옷을 반드시 입어야 한다.

현장에서는 별의별 일이 다 생긴다. 미팅을 하는 중에 면전에서 건들거리며 듣는 둥 마는 둥 하기도 하고, 말하는 도중에 바쁘

다며 가버리기도 했다. 인상을 팍 쓰면서 싫은 내색을 진실(?)되게 표현하기도 하고, 시답잖다는 듯이 나를 위아래로 훑는 사람도 있었다. 내 명함을 건네며 상대방 명함을 달랬더니 자기는 아무에게나 명함을 안 준다면서 대충 얘기 듣다가 견적이나 넣어달라며 일어서는 사람도 있었다. 명함도 없는데 어디 있는 누구 앞으로 견적을 넣으라는 건지….

　그러나 이런 모든 일에 이제는 별로 개의치 않는다. 왜냐하면 지금은 자부심이라는, 눈에 보이지 않는 속옷을 입고 있기 때문이다. 나에게는 꿈이 있고 목표가 있다. 한 집안의 가장이자 세 아이의 아빠이기도 하고, 누나와 형을 둔 귀여운(?) 막내이기도 하다. 예전에는 혼자 뛰었다면 지금은 나를 응원하는 사람들이 있고, 나를 "멘토"라고 부르며 내 철학을 공유하는 사람도 많다.

좋은 속옷은 남을 위해서가 아니라 나 자신을 위해 입는 것처럼 자부심이라는 속옷도 누구를 위해서 입는 것이 아니다. 오직 나를 위해서 입는 것이다. 이 옷을 입고 있으면 현장의 풍파가 조용해진다. 고급스런 속옷을 사려면 비싼 돈을 치러야 하지만, 자부심이란 속옷은 돈이 들지 않는다.

꿈과 목표가 확실하다면 이 속옷은 무료로 주어지기 때문이다.

확신이라는 이름의 셔츠

"얘기는 잘 들었습니다만… 지금 우리 회사에서 쓰는 제품보다 안 좋은 점이 뭡니까? 영업하는 사람치고 자기 물건 안 좋다고 얘기하는 사람 없는데 너무 좋은 점만 얘기하는 거 아닙니까? 장점만 얘기하지 마시고, 단점은 없습니까?"

"하시든 안 하시든 그건 회사에서 결정할 사항이지만 솔직히 말씀드려서 모든 면에서 지금 쓰시는 것보다 낫습니다."

내가 고객과 미팅할 때 흔히 나누는 대화이다. 제안을 받는 쪽에서는 내 말이 황당하게 들릴 수도 있겠지만, 나는 사실을 말하기에 당당하게 말하고 미팅을 마무리 짓는다.

사람들은 지금껏 익숙한 것을 새로운 것으로 바꾸는 일에 불안을 느낀다. 날마다 쓰는 칫솔이나 치약 하나만 바꾸어도 왠지 이가 잘 닦이지 않은 느낌이 들듯이 새로운 것에는 거부감이 드는 것이다. 그래서 매일 가는 길로 가고, 먹는 것도 비슷한 음식을 즐겨 먹는다. 익숙하면 마음이 편하기 때문이다.

영업은 한마디로 말하면 고객이 현재 익숙한 것을 새로운 익숙함으로 안내하는 일이다.

내가 화장품을 영업하면 고객에게 현재 사용하는 익숙한 화장품 대신에 새 화장품을 권하는 것이고, 내가 자동차를 영업하면 현재 타고 있는 익숙한 차 대신에 새 자동차를 권하는 것이다.

그런데 익숙한 것을 버리고 새로운 것을 선택하는 순간에 선택을 가로막는 무엇인가 존재한다. 바로 '막연한 불안'이다. 자신의 선택이 잘못될 수도 있다는 불안감 때문에 선택에 주저하게 된다.

고객이 막연한 불안을 이겨내면 내가 제안한 것을 선택하지만, 그러지 못하면 거절한다. 그래서 영업인에게는 고객이 마주하고 있는 막연한 불안을 이해하고, 해결까지 해야 하는 막중한 임무(?)가 있는 것이다.

그렇다면 과연, 선택을 가로막는 이 막연한 불안을 신속하게 해결할 수 있는 길은 무엇일까? 그건 바로 내가 다루는 상품에 대한 확신이다. 확신이 있어야 고객의 불안을 잠재우고 선택을 유도할 수 있다.

그래서 영업인은 자신이 판매하는 상품에 대한 '확신의 셔츠'를 반드시 입어야 한다. 의외로 영업하는 사람들 중에서 이 확신의

셔츠를 입지 않은 사람을 종종 보게 된다. 이 셔츠를 입고 자신 있게 상품을 내밀어도 고객의 막연한 불안을 잠재울까 말까 한데 셔츠에 구멍이 듬성듬성 난 차림으로 내밀면 선택하지 말라는 것이나 다름없다.

  물론, 구멍 난 셔츠를 입은 사람에게 고객은 자신의 불안을 해결해달라고 의지하지 않는다. 자리에서 일어나 자신의 막연한 불안을 잠재워줄 확신의 셔츠를 입은 다른 영업인을 찾아 유유히 떠난다.

"예전에도 제안을 여러 번 받았어요. 그런데 뭘 물어봐도 도대체 잘 모르는 것 같고, 사람이 매가리가 없어 보이더라고요. 그래서 안 했는데, 당신은 말에 확신이 있어서 참 좋네요. 기안해보겠습니다."

현장에서 일하다 보면 이런 경우가 참 많다. 나보다 먼저 여러 영업인이 그곳을 다녀갔지만, 확신의 셔츠에 구멍이 난 사람들이었다. 물론 내가 제안한 상품을 선택할지 말지는 순전히 고객의 몫이다. 그러나 준비된 영업인이라면 빳빳하게 다린 확신의 셔츠를 입어야 하고, 그 모습을 고객이 본다는 것이 중요하다.

눈에 보이는 셔츠도 구멍이 났거나 김치 국물이 묻어 있으면 보기가 좀 그런 것처럼, 보이지는 않지만 확신의 셔츠는 고객이 선택하는 데 막대한 영향을 미친다.

사람은 옷을 사거나 음식을 먹거나 하는 작은 일에서부터 차를 사거나 집을 사거나 하는 큰일까지 다양한 선택의 기로에 늘 서게 된다. 이 모든 것을 선택하는 데 있어 그 접점에는 항상 사람이 있다. 그리고 그 사람들을 통해 새로운 것을 안내받는다.

지금까지 익숙한 것을 버리고 새로운 것을 선택해야 하는 기로에 놓일 때 사람은 누군가에게 도움 받기를 원한다. 나는 그것을 잘 모르는데 나보다 잘 아는 사람이 "고객님, 참으로 탁월한 선택입니다. 전혀 후회하지 않을 겁니다"라고 한마디라도 해주면 선택하기가 훨씬 쉬워진다.

확신이라는 이름의 셔츠에 구멍이 나 있으면 수입에도 구멍이 생긴다. 고객을 만나 나의 상품을 제안한 뒤 고객이 선택을 위해 나에게 도움을 요청하는 순간이 오면 빳빳하게 다린 '확신의 셔츠'를 짠 하고 보여줘라.

"Yes"를 들을 확률이 급상승할 것이다.

세상에서 가장 멋진 지속이라는 슈트

일에는 세 가지 어려움이 있다.

첫째, 시작하는 어려움
둘째, 지속하는 어려움
셋째, 마무리하는 어려움

그중에서도 가장 어려운 것은 지속하는 어려움인 것 같다.

"대표님, 고객이 전화를 안 받는데 어떻게 하죠?"
"음… 받을 때 까지 계속하세요."
"아, 그런 좋은 방법이 있었군요. 알겠습니다. 계속 하겠습니다~"
나와 직원이 나눈 대화다. 짧은 대화이지만 많은 의미를 내포하고 있다. 무엇인가를 계획하고 시도하는데 지속성이 없다면 실패에 봉착하게 된다. 나도 하다 말고 하다 말고를 반복할 때 내 인생이 누추했다.

영업은 지속적으로 성실하게 하는 사람에게 성공으로 보상한다. 실력이 아무리 뛰어난 사람도 불성실하고 지속하지 못하면 실패라는 꼬리표를 달게 된다.

비가 온다. 습한 날씨가 며칠째 계속되더니 비를 뿌린다. 그것도 마구마구 뿌린다.

'아, 비가 너무 많이 오네. 오늘은 여기저기 가지 말고, 건물 큰 거 하나 잡아서 하루 종일 방문해보자.'

적당한 건물을 찾고 일을 시작한다. 건물은 큰데 예상외로 입주한 회사가 얼마 되지 않는 곳에 갈 때가 있다. 오늘이 바로 그런 날이다.

'몇 곳밖에 안 되는구나. 빨리 마무리하고 옆 건물로 가자.'

억수같이 쏟아지는 비를 맞으며 도시를 걷는다. 비가 너무 많이 내리니까 우산도 소용없다. 잠깐 걷는데도 옷이 다 젖어 눅눅하고 찝찝하다. 바지가 살에 달라붙어서 걷기도 힘들고 모양새도 우습지만 나는 오늘도 내 일을 해내야 한다는 일념 하나로 또다시 다른 건물로 들어가고 사무실을 방문한다.

'오전은 데이터로 쓸 만한 고객이 없구먼. 후딱 밥 먹고 커피 한

잔하면서 오후를 준비하자.'

　사람들이 밥을 먹으러 거리로 쏟아져 나오기 전에 밥을 대충 후딱 해치우고 자판기 커피 한 잔을 들고 차로 뛰어간다. 옷은 말릴 새도 없이 다시 젖고, 빗줄기가 앞 유리를 세차게 때리는 차 안에서 커피로 눅눅함을 말리며 밖을 바라본다.

　'이런 날에는 차에 수건을 좀 갖다 놔야겠다. 이번 달에 장마가 끼어서 그런지 실적이 너무 저조한데…. 오후에는 더 열심히 해서 데이터를 만들어보자. 최선을 다하자. 최선을 다해보자. 정말 최선을 다해보자.'

　굳은 각오와 결심을 다시 하고, 오전에 받은 명함을 꼼꼼히 정리해본다. 점심시간이 끝나기 무섭게 또다시 새 건물로 향하고 내일을 다시 시작한다.

　특별한 일을 했던 것은 아니다. 그냥 나의 여건 속에서 내가 할 수 있는 일을 했을 뿐이다. 조금 더 솔직히 얘기하면 해내야 했던 일을 했을 뿐이다.

　반드시 해내야 했다. 이번 일도 안 되면 정말 물러설 곳이 없다는 절박감에 내 옷이 젖건 말건 남들이 나를 어떻게 보든 말든 죽기 살기로 내 일을 해야 했다.

　끝이 보이지 않는 어둠의 터널을 빠져나가기 위해 나는 걷고 또 걸었다. 이번에도 멈추면 영원히 이 터널에서 빠져나가지 못할 것만 같아서 내 다리가 부서질지언정 걸음을 멈추지 않았다. 힘이 들었다. 생각했던 대로 매출이 나오지 않아서 다리에 힘이 빠졌다.

그래도 걸었다. 그래도 방문을 계속했다. 지속한다는 것이 얼마나 어려운지를 수없이 느꼈다. 그렇게 지속하다 보니 어느새 어둠의 터널이 끝나고, 강렬한 빛이 저 멀리 빛나기 시작했다. 어둠이 끝나고 빛이 시작됐지만 나는 계속했다. 옷이 바뀌고, 차가 바뀌고, 사는 곳이 바뀌었지만 나는 걸음을 멈추지 않았다.

나도 모르게 '지속'이 내 천성처럼 되어 몸에 딱 맞는 멋진 슈트

가 된 것이다. 나의 능력은 오직 하나다.

  지속하는 정신, 바로 이것뿐이다. 지속이라는, 세상에서 가장 멋진 슈트를 입으라. 그 슈트 안주머니에 당신에게 줄 최고의 선물이 기다리고 있다.

  그 선물의 이름은 바로 '꿈'이다.

성실이라는 최고의 신발

어릴 적 학교 급훈에 있던 단어가 몇 개 기억난다.

'자주, 근면, 성실'

그때는 딱딱하기 그지없는 영혼 없는 단어들이라 생각했는데 사회생활을 하고 본격적으로 일을 하면서 이 단어들이 너무도 가슴 깊이 사무쳤다. 사람을 판단하는 기준이 저마다 다르겠지만 내가 눈여겨보는 기준은 하나이다.

바로 '성실'이다.

나는 특출한 능력이 없는 사람이다. 학벌, 돈, 인맥이 없는 전형적인 이 시대 소시민으로서 내 인생을 스스로 개척해야만 살아갈 수 있는 사람이다. 평범한 내가 지금 있는 자리까지 올 수 있었던 것은 성실, 이 하나 때문인 것 같다.

하는 일마다 잘되지는 않았지만 되든 안 되든 최선을 다해 노력했다. 본격적으로 일하고부터는 더욱 그랬다. 비가 오나 눈이 오나 나는 일을 멈춰본 적이 없다. 되든 안 되든 현장에 있었고, 잘되면 잘되는 대로 안되면 안되는 대로 그저 묵묵히 일했다.

돈을 많이 번다고 흥청망청 쓴 적도, 적게 번다고 우울해하며 쉰 적도 없다. 새벽이슬을 맞으며 제일 먼저 출근해서 잠긴 사무실 문을 열고 하루를 시작했다. 쉬는 날에도 실적 관리 하느라 일한 적도 많았다. 집을 사무실 삼아 일할 때나 따로 사무실이 있을 때나, 나 혼자 방문판매에 매진할 때나 직원들이 하나둘 늘어날 때나, 외형적으로는 바뀐 것이 있을지 몰라도 내용은 바뀐 것이 없었다.

아주 오래전에 이영권 교수님의 강의를 들은 적이 있다. 그때 인상 깊은 말이 있었다.

"성공이란 성실이라는 밭에 유능이라는 나무를 심는 것이다."

성공에 관한 이 간명한 정의를 그때는 이해만 했다면 지금은 실생활에 적용하고 있다고 볼 수 있다. 이해하는 것과 적용하는 것은 다르다. 성실하게 살아가는 사람이 많다. 무슨 일을 하든 성실이 가장 중요한 덕목인데도 언제부터인가 '성실은 미련하다'는 인식이 생긴 것 같다. 물론 성실만 하면 미련하게 보일 수도 있다. 효율적이지 않은 방법을 성실하게 계속하는 것은 미련한 짓이다. 그러나 중요한 것은 성실하게 계속하는 사람은 효율적인 방법을

스스로 찾아낸다는 사실이다.

성실한 사람은 되지도 않는 방법을 계속하는 것처럼 보이지만 머릿속으로는 끊임없이 좀 더 효율적인 방법을 연구하고 시도한다. 남들이 한심하고 꽉 막힌 답답한 사람으로 여길지라도 결국 큰일을 해내는 사람은 바로 성실한 사람이다.

나 역시도 방문판매를 하면서 짧게 주어지는 만남에서 '어떻게 하면 내 이야기가 임팩트 있게 전달될까? 어떻게 해야 내 말에 귀를 기울이게 하고 관심을 유도할 수 있을까?'를 끊임없이 고민하고 연구했다. 좋은 아이디어가 떠오르면 즉시 시도했다. 그리하여 완성된 내 프레젠테이션은 5~10분이면 충분했다. 누구나 들어도 쉽게 이해하고 공감하는 내용이다. 이렇듯 누구에게나 쉬우면서 짧고 그러나 임팩트 있는 메시지를 만들 수 있었던 것도 무식하리만치 성실하게 노력했기 때문이다.

지식을 전달하는 일은 교육자가 하는 일이다. 영업인은 지식 전달은 물론, 실적을 만들어 내야 한다. 내가 하고자 하는 이야기를 효과적으로 전달하는 것도 중요하지만 그에 걸맞은 실적으로 이어져야 먹고살고 성공도 할 수 있다. 그래서 성실이 필요하다. 어느 분야에서든 성공하려면 반드시 성실해야 한다. 영업도 예외는 아니다. 아니, 절대적으로 아니다.

찢어지게 가난했던 내가 억대 연봉자 대열에 들어서면서 형편이 점점 더 나아졌다. 지하방을 벗어났고, 다분히 서민적인 동네에서 집값이 좀 더 비싼 동네로 생활 터전이 바뀌었다. 먹고 싶은 것을 먹을 수 있고, 입고 싶은 옷을 입을 수 있었다.

하지만 나의 자세는 늘 같았다. 아침에 일을 시작했고, 저녁에는 마무리 지었다. 가끔은 사람들과 어울려 밤늦도록 술을 마실 때도 있지만 다음 날에는 일찍 일어나 일터로 향했다. 그런 날은 하루 정도 푹 쉬고 싶은 마음도 들지만 실제로 그런 적은 없다.

가장 큰 유혹은 자동차였다. 아주 오래전부터 정말 타고 싶은 차가 있었다. 늦은 밤에 수시로 매장에 가서 유리창 너머로 바라만 보았던 그 차를, 내 수입이 어느 정도 궤도에 오르자 사고 싶었다. 타고 있는 차도 일하기에는 충분했지만 자꾸만 그 차에 눈길이 갔다. 예전에는 돈이 없는 상태에서 구경만 했다면 이제는 구입하기 위해서 차를 보러 다녔다. 그런데 끝내 구입하지는 않았다. 지금 타는 차로도 일하는 데는 전혀 문제가 없다고 최종 판단했기 때문이다.

그리고 계속 성실하게 일했다. 다른 것에 눈길을 주지 않고, 늘 내 자리에서 내 일을 했다. 수입의 많고 적음에 따라 일을 대하는 자세가 바뀌면 안 된다고 생각한다. 그런 사람은 지금 수입이 많더라도 언젠가 줄어들 수 있다. 반대로, 지금 수입이 적더라도 자신만의 정확한 비전을 세우고 끊임없이 노력하며 성실하게 자신의 일에 임한다면 조만간 수입은 크게 늘어날 것이다. 그러니 결과에 상관없이 지금 무슨 일을 하건 일단은 성실해야 한다.

성실하다고 전부 성공하는 건 아니지만 성공한 사람은 일단 성실하다. 유능한 사람이 성실한 게 아니고 성실한 사람이 유능해지기 때문이다.

'성실'이라는 최고의 신발을 신어라.

'지금 당장' 정신

일을 미루는 습관을 오랫동안 몸에 지니고 살았다.

그게 뭐라고 무슨 보물단지처럼 가슴 깊이 꼭꼭 숨겨두고 매사에 적용시켰다. 문제는, 인생이란 방학 내내 놀다가 개학 며칠 전에 전부 해치울 수 있는 숙제가 아니라는 것이다. 미루었다가 나중에 할 수 있는 일이 있고, 그렇지 않는 일이 있다.

당장 하지 않으면 안 되는 일을 미루는 순간에 이미 결과는 나와 있다. 그 결과는 아무런 일도 일어나지 않는 것이다. 아무런 일이 일어나지 않으면 영업 세계에서는 매출이 없고 수입도 없다. 무슨 일이든 일어나야 매출이 발생하고 수입도 발생한다.

"대표님 지금 어디세요?"
"나, 지방이에요."

"네? 벌써 내려가셨어요?"

"그럼요."

"하~~ 참 빠르기도 하셔라!! 진짜 못 말린다니깐. 조심히 다녀오세요."

"빨리빨리 해야지. 알잖아요, 내 스타일~~"

일을 진행할 때 직원들이 나에게 "대표님, 너무 성급히 결정하고 진행하시는 거 아닙니까?"라고 말한 적이 많다. 그러나 나는 신속과 성급을 구별할 줄 모르는 사람이 아니다. 영업은 신속을 요구하는 일이 거의 대부분이라는 것을 경험을 통해서 알기 때문이다.

당장이라는 시의성에 행동을 더한 것이 바로 '지금 당장' 정신이다.

나의 과도한 '지금 당장' 정신이 '신속'이 아닌 '성급'이 되어 일을 망친 경우도 있었지만 그것은 100에 1 정도였다. 나머지 99는 '신속'이었고 나의 '지금 당장' 정신이 맞았다.

영업인에게 요구되는 정신은 '지금 당장' 정신이다. 고객에게 전화를 걸어서 결정을 받아야 함에도 차일피일 미루고 거절할까 두려워 전화를 하지 못하는 상황에서 필요한 정신은 '지금 당장' 정신이다. 전화를 걸어서 결정을 받아내야 한다.

'꼭 필요하기는 한 곳인데 저번에 만났을 때 약간 거부감이 있었단 말이야. 가서 한 번 더 말해야 하나, 어쩌나?'

이때, 필요한 정신이 '지금 당장' 정신이다. 당장 가서 한 번 더 만나 얘기해야 한다. 행동을 머뭇거리게 하는 무엇인가를 발견했을 때, 생각하는 시간이 길어지면 결국에는 하지 않는다. 그러면 그저 그런 과거가 그저 그런 오늘로, 그저 그런 내일로 이어진다.

수많은 빌딩 숲을 오로지 내 몸 하나로 누빌 때, 나는 이 정신을 배웠다. 건물이 웅장하고 회사가 크고 좋으면 들어가기도 전에 주눅부터 들었다. 그때 드는 생각.

'아, 여기는 들어가도 안 될 거야….'

사무실에 직원이 몇 명 없으면 이런 생각을 한다.

'아, 여기는 들어가봐야 니즈가 없을 것 같아….'

이런 식으로 나 자신을 합리화하기 시작하면 결국에는 갈 곳이 없다. 그래서 이때 발휘해야 하는 정신이 바로 '지금 당장' 정신이다. 당장 들어가고, 당장 전화하고, 당장 달려가는 것이다. 영업은 그런 것이다. 아니 인생이 그런 것이다.

'내가 너무 성급한 것 아닌가? 조금 기다리면 되는데 괜히 나서서 일을 그르치는 것 아닐까?'

이런 의구심이 들 때도 있다. 그럴 때도 망설임은 잠깐, 나는 '지금 당장' 정신을 발휘해 실행에 옮겼다. 그리고 그것이 성급함이 아니라 '지금 당장' 정신이 필요한 순간이었다는 것을 수없이 확인했다.

성급한 거라 생각하고 기다렸다면 나의 고객이 안 되었을 경우를 너무도 많이 발견했다. 성급해서 일을 그르친 경우는 100 중에 1이지만 지금 당장 하지 못해 그르치는 것은 99다. 확률적으로 어느 쪽이 경우의 수가 높은가?

생각이 많아지면 행동은 게을러진다. 영업을 잘하는 사람은 생각을 많이 하는 사람이 아니라 하나를 생각하고 재빠르게 행동으로 옮기는 사람이다.

뭐든지 '지금 당장' 해야 한다. 미루면 안 된다. 내가 지금 미루면 '지금 당장' 행동하는 영업인에게 고객을 빼앗길 수 있다.

그러니 '지금 당장' 달려가라.

마지막 패까지 보는 정신

내가 어릴 적에는 도박을 주제로 한 홍콩 영화의 인기가 참 높았다. 여러 명이 하는 포커 게임에서는 고도의 심리전이 펼쳐지면서 많은 돈이 오간다. 자신이 들고 있는 패가 상대방보다 낮다고 판단하면 일명 '다이die'를 하고, 높다고 판단하면 '고go'를 한다. 그렇게 판이 커지며 결국에 남는 사람은 딱 두 명.

그 둘은 카드 한 장만 남은 마지막까지 온 사람이다. 그리고 가지고 있는 모든 것을 걸고 '올인'한다. 시간이 좀 더 흐르면 한 명은 웃고, 한 명은 울게 된다. 마지막까지 남는 사람들의 공통점은 자신의 패가 상대보다 더 좋다고 확신하거나, 아니면 패가 좋지 않은데도 상대를 이기고 싶어 끝까지 가는 배짱이 있는 사람이다.

나는 인생은 물론 영업에서도 이런 마지막 패까지 확인하는 정신이 필요하다고 본다. 여러 직업을 거치면서 내가 영업 일을 포

기하지 않은 것은 마지막 패까지 보고야 말겠다는 정신이 있었기 때문이다. 갈 데까지 가서 내가 가진 패가 나빠 죽는 것은 어쩔 수 없지만, 끝까지 가보지 않고 도중에 포기하고 싶은 마음은 없었다.

솔직히 말하면 포기하고 싶은 마음이 하루에도 몇 번씩 들었으나 뚝심으로 버텼다. 포커에서 패가 좋다고 이기고 나쁘다고 늘 지는 게 아닌 것처럼, 인생도 현재 가진 패가 좋다고 늘 이기는 게 아니다. 좋지 않더라도 끝까지 밀어붙이는 배짱이 있는 자에게 기회의 문이 열린다고 생각한다.

인생 한 번 사는데 여러 가지 상황과 여건으로 인해 많은 것을 포기하고 살아가야 하는 나 자신이 너무나도 싫었다. 지금의 패가 상대보다 나쁠 수도 있고, 좋을 수도 있지만 끝까지 밀어붙이는 최고의 도박사처럼 인내와 끈기를 가지고 영업에서 끝까지 밀어붙였다.

현장 속에 몸을 깊게 담그고, 내게 주어진 24시간이라는 시간을 온전히 한곳에 집중했다. 여기서 끝장을 보든지 내 인생을 끝장내든지 둘 중에 하나라는 배짱으로 몰아붙였다.

비바람이 거세게 불면 우산이 소용없다. 우산을 들어도 비에 옷이 금방 젖기 때문이다. 옷이 조금 젖으면 어떻게든 우산으로 비바람을 막으려고 하지만, 옷이 전부 젖으면 우산 따위는 필요가 없다. 그냥 젖은 채로 걷는 게 훨씬 더 편하다. 어차피 젖은 옷에 미련을 둘 필요는 없기 때문이다.

비바람을 맞으며 걸었다. 신기하게도 비를 조금이라도 덜 맞으려 할 때는 그 비가 두렵더니 그냥 온몸으로 다 맞고 걸으니까 비바람이 두렵지 않았다. 고객의 거절을 피하려고 했을 때는 거절이 두려웠다. 그러나 고객의 거절이 당연하다고 생각하고 그저 나는 오늘 내게 주어진 일을 묵묵히 해내겠다는 마음으로 하루하루 지속하다 보니 거절이 더 이상 두렵지 않았다.

온몸으로 흠뻑 비를 맞은 사람처럼 고객의 거절을 흠뻑 맞으며 걸었다. 그러자 거절에 대한 두려움은 점점 사라져갔다. 거절을 당하면 당할수록 거절이 아프게 느껴지지 않았다. 거절에 굳은살이 박인 것처럼 익숙해지고 일상이 되고 나니 밥 먹는 것처럼 자연스러웠다. 그러다 보니 끝을 보고자 하는 마음이 더욱더 절실해졌다. 그래서 더 빨리 걸었다. 나는 진심으로 마지막 패를 보고 싶었다. 내 인생의 마지막 패가 도대체 무엇인지 정말 보고 싶었다.

최고의 도박사는 좋은 패를 들고 끝까지 가는 사람이 아니다. 비록 나쁜 패일지라도 여유 있는 포커페이스로 상대를 위협할 줄 아는 사람이다.

내가 가진 패가 최고의 패라면 정말 좋겠지만 그런 패를 가진 사람은 얼마 되지 않는다. 나의 패 역시 별로였지만 포기하지 않았다. 그냥 끝까지 몰아쳤다. 숨을 쉬기 힘들 만큼 몰아쳤다.

이유는 단 하나, 나의 마지막 패를 보기 위해서였다. 사력을 다해 달려서 이제 마지막 남은 카드 한 장을 손에 쥐었다. 가쁜 숨을 몰아쉬며 그 카드를 뒤집자….

"여기까지 오시느라 수고 많으셨습니다. 당신이 이겼습니다."

두려운 문 '개척영업'
개척 준비 사항
플랜, 그리고 시간이라는 자본금
순간을 가르는 힘, 명분
현장에 존재하는 두 가지 가치
태풍을 만들고, 태풍의 눈으로 들어가라
고독한 러너

개척영업은
인생 개척이다

두려운 문 '개척영업'

개척자는 무에서 유를 만들어 내는 사람이다.

아무것도 없는 것에서 무엇인가를 만들어 내는 것은 쉽지 않다. 영업하는 사람들이 가장 어려워하고 힘들어하는 것이 '개척영업' 이다. 개척영업은 소위 말해서 맨땅에 헤딩하는 일이다. 말이 좋아서 맨땅에 헤딩이지, 실제로 이마로 땅을 받는다고 생각해보라. 얼마나 아프겠는가.

아주 오래전에 길을 걷다가 갑자기 눈앞이 번쩍거렸다. 다른 곳을 보다가 이마로 전봇대를 들이받은 것이다. 어찌나 아프던지 한참을 고생한 적이 있다. 물론 그 후로는 앞을 잘 보고 걷기 때문에 헤딩을 한 적은 없지만, 영업에서 맨땅에 헤딩하기는 그보다 훨씬 더 아플 수 있다.

그래서 누구나 시작은 할 수 있지만, 지속하지 못하고 그만두는 경우가 대부분이다 보니 개척영업이 어렵다고 하는 것이다. 그렇다. 개척영업은 쉽지 않고, 하루 이틀 한다고, 아니 일주일, 한 달 한다고 해서 결과가 나온다는 보장이 솔직히 없다. 그러나 지속했을 때는 얘기가 달라진다.

2009년 1월 1일부터 12월 31일까지 1년 동안 나는 '개척영업'을 지속했다. 한두 달 해서 결과가 나온 것은 아니지만 나는 포기하지 않았다. 왜냐하면 그 방법 외에는 다른 방법이 없었기 때문이다.

지긋지긋한 무능과 가난에서 벗어나고 싶은데 기댈 곳도 없고 나를 도와줄 사람도 없었다. 오로지 스스로 일어나야 했기 때문에 내가 혼자 할 수 있는 일에 올인할 수밖에 없었다. 누군가와 같이 일하면 좋았을 테지만 그럴 사람도 없었고 사무실도 없을 때였다. 집을 사무실 삼아서 출퇴근을 했다.

그런데 정말 무식해 보이는 이 방법으로 1년을 지속하고 나니 내게 많은 변화가 찾아왔다.

첫째, 돈을 벌게 됐다. 1년 연봉이 1천만 원도 안됐던 사람이 억대 연봉을 받는 사람으로 바뀌었다. 10년 동안 영업을 했지만 나는 제대로 돈을 벌어본 적이 없다. 이런저런 직업으로 몇 번이나 갈아타봤지만 내게는 가난이라는 꼬리표가 표식처럼 항상 따라다녔다. 늘 가난하게 사는 것이 운명인 것처럼 뭘 해도 안되고 항상 가난했다.

글에서야 '가난'이 그저 두 글자로 이뤄진 단어일 뿐이지만 현실에서는 뼈를 깎는 아픔이 서린 단어다. 월세를 제때 내본 적이 한 번도 없었고, 이사 갈 때마다 보증금이 계속 줄었다. 배가 고픈데 밥값이 없어서, 식사를 마치고 나와 이쑤시개로 이를 쑤시는 사람의 입 모양을 유심히 쳐다보며 고픈 배를 애써 위로했다. 사회생활을 하다 보면 으레 챙겨야 하는 자리나 모임에 제대로 가본 적이 없었다. 그런 삶을 오래 살았던 사람이 개척영업을 고작 1년 지속했을 뿐인데 억대 연봉을 받는 사람으로 완전히 탈바꿈했다.

둘째, 마음에 근육이 생겼다. 몸에만 근육이 있는 것이 아니다. 마음에도 근육이 있고 인생에도 근육이 있다. 안 하던 운동을 갑자기 하면 몸 여기저기에 근육통이 생겨 며칠 고생하지만 그 고생을 참고 계속하면 근육통은 사라진다. 그때부터는 진정한 근육이 생기기 시작하는 것처럼, 1년이라는 시간 동안 지속한 개척영업은 나에게 마음의 근육을 다지게 해줬다. 그동안 실패할 때마다 지치고 아파하기만 했지 마음의 근육을 키울 생각은 하지도 못했고, 마음의 근육이 있다는 것도 솔직히 몰랐다.

그런데 낯선 사무실 문 앞에서 들어갈까 말까 망설이고, 떨리는 손으로 사무실 문을 억지로 밀고 들어가고, 필요 없다며 나가라는 매몰찬 사람들의 냉담한 반응에 쓸쓸히 뒤돌아 나오고, 하루 종일 발바닥에 땀나도록 다녀도 소득이 전혀 없는 날에는 소주 한잔 들이켜며 혼자 가슴을 치던 그 모든 시간이 내 마음에 단단한 근육을 만들어줬다. 그 덕분에 나는 사람들의 웬만한 반응에는 흔들리지 않는 나무처럼 버틸 수 있게 됐다.

셋째, 건강한 몸 하나만 있으면 어느 곳에 있든지 성공할 수 있다는 자신감을 얻게 됐다. 누가 나를 아무 연고도 없는 곳에 떨어뜨려놓아도 나는 그곳에서 새롭게 시작할 것이다. 돈도 배경도 아무것도 없을지라도 아무 시장에나 가서 리어카를 빌려 사과를 외상으로 떼다가 팔더라도 나는 잘 팔 수 있을 거라는 자신감이 있다.

적어도 내가 사랑하는 가족들을 굶기지 않을 자신감을 1년 동안 개척영업을 하면서 가슴 깊이 간직하게 됐다. 개척영업을 하는 것은 힘이 든다. 수도 없이 좌절을 맛보는 것이 사실이다. 잘되는 날도 있지만 안되는 날이 훨씬 더 많은 것 또한 사실이다.

그러나 그렇게 1년만 할 수 있다면 나머지 인생에서는 별로 신경 쓸 일이 없게 된다. 개척영업은 단순 무식한 일 같지만 그 안에는 나를 아주 단시간에 여러 면에서 성장시키는 자양분이 많이 존재한다.

해보지도 않고 겁을 내는 사람이 많다. 특히 개척영업을 제대로 해보지도 않았으면서 그저 몇 시간 혹은 며칠 해보고 효과가 없는 방법이라며 그만두는 경우가 대부분이다. 진실로 해보지 않은 것을 해봤다고 얘기하는 것은 잘못된 것이다.

소꼬리를 사다가 10분, 20분 삶는다고 진한 곰탕이 만들어지지

는 않는다. 몇 시간, 며칠을 고아야 입에 쩍쩍 붙는 진한 맛의 곰탕이 만들어진다. 평생을 해야 한다면 나도 솔직히 못 했을 것이다. 그러나 1년 정도는 해볼 만하다. 그리고 해보면 효과가 없는 게 아니라 아주 크다는 것을 스스로 알게 될 것이다.

인생도 개척하는 자에게 문을 열어주지 않는가!

개척 준비 사항

○○ 회사 렌털 영업을 할 때였다.

깨끗한 신축 오피스텔을 발견하고 맨 꼭대기 층으로 올라갔다. 한 층씩 내려오면서 집집마다 전단지를 꽂아 넣는데 중간쯤 내려왔을까, 청소하는 아주머니와 경비 아저씨가 나누는 말소리가 들렸다.

"누가 전단지를 꽂고 다녀요."

"그래요? 누가 이 시간에 전단지를 꽂고 다니는 거야?"

그 순간 나는 손에 들고 있던 전단지를 얼른 가방에 넣었다. 철수해야겠다 싶어 시치미를 뚝 떼고 엘리베이터 앞에 서 있는데 두 사람이 나를 발견하고 말았다.

"혹시 저 사람 아니에요?"

"저 사람…? 아니야. 멀쩡하게 양복 입고 서류 가방을 들었는

데, 무슨 전단지를 꽂고 다니겠어."

　식은땀을 흘리며 나는 서둘러서 그곳을 빠져나왔다. 그분들이 나를 의심했다가 의심을 접은 이유는 무엇일까? 그건 내가 단정한 헤어스타일에 주름 세운 양복, 거기다 그럴듯한 서류 가방을 들고 당당하게 서 있었기 때문이다. 그런 내 모습이 전단지를 돌릴 사람으로 보이지 않았던 것이다.

　사람의 첫인상을 결정짓는 요소가 세 가지가 있다고 한다.
　외모 90%, 목소리 7%, 인격 3%

97%는 보이거나 들리는 것이고 3%는 보이지 않는 것이다. 옷은 남을 위해서 입고, 음식은 나를 위해서 먹으라는 말이 있을 만큼 사람의 외모가 상대의 호감을 유발하는 데 중요한 비중을 차지하는 것은 어쩔 수 없는 현실이다. 개척영업을 할 때는 이 점이 훨씬 더 중요해진다.

사람은 낯선 사람이 방문하면 환영하기보다는 일단 경계심을 갖고 대한다. 그가 누구인지 신분이 명확해질 때까지 그 경계심은 사라지지 않는다. 그 차가운 현장에서 '나'라는 사람을 보여줄 수 있는 것은 오직 나의 외모뿐이다.

단정한 헤어스타일, 빳빳하게 다린 와이셔츠와 넥타이, 말끔한 정장, 반짝반짝 빛나는 구두가, 내가 누구인지 말하기 전까지 상대방에게 무언의 말을 건넨다. 잡상인이 아니라는 무언의 압력이 가해진 상태에서 확실한 '명분'을 제시하면 상대방이 내 말에 귀를 기울일 확률이 높아지고, 거절한다 하더라도 정중히 하게 된다. 물론 아무리 멋지게 차려입어도 잡상인 취급을 하는 곳은 있게 마련이지만 첫인상을 90% 결정짓는 외모에 신경 쓴다면 그 횟수를 상당히 줄일 수 있다.

내가 아는 어느 사장님이 하루는 사무실에 앉아 있는데 문이 열리고 누군가 들어오더란다. 가르마를 단정하게 탄 중년 남성이 트렌치코트 차림에 선글라스를 끼고 007 가방을 들고 걸어오기에,

사장님은 경찰서에서 조사 나온 줄 알고 '내가 무슨 잘못을 한 게 있나?' 하는 생각에 경직되어 있는데 어느새 그가 코앞까지 왔다.

사장님이 "무슨 일 때문이신지?" 하며 일어서는데, 갑자기 007 가방을 턱 열더니 무언가를 확 꺼냈다. 그러고는 하는 말이….

"사장님 지금 상당히 출출할 시간입니다. 이 오징어로 말씀드릴 것 같으면 울릉도에서 갓 잡아 올려 말린 오징어로서…."

오징어 장수였던 것이다. 경찰서에서 나온 줄 알고 순간 놀란 가슴이 오징어를 들이대는 바람에 진정되면서 동시에 웃음이 빵 터져서 오징어를 샀다는 얘기를 듣고 한참을 웃었던 적이 있다.

만약 그 사람의 겉모습이 사장님 눈에 시장에서 오징어 파는 상인처럼 비쳤다면 그는 사무실에 들어가기 무섭게 바로 '잡상인'으로 취급받고 쫓겨났을 것이다. 그러나 그는 무언의 압력을 가하는 외모를 갖추고 있었고, 그 결과 오징어를 팔 수 있었다.

첫인상을 결정짓는 데 7%를 차지하는 것은 목소리 톤, 언어, 말투이다.

프랑스의 유명한 배우 알랭 들롱은 "연기와 실제 생활을 다르게 할 수가 없다"는 말을 했다. 실제 생활이 진실한 사람이 진실한 연기를 할 수 있다는 말이다. 이렇듯 평소 내 말투가 고객을 대할 때도 그대로 나오게 된다. 비즈니스를 잘하려면 비즈니스에 맞는 언어와 말투를 사용해야 하고, 그것은 영업 현장이 아닌 일상에서 평소에 훈련해야 한다.

영업인의 말투가 비즈니스적이면 개척 현장에서 고객이 영업인의 말을 들을 확률을 높일 수 있고, 고객이 함부로 대할 수 없게 만드는 힘으로 작용할 수 있다. 만약 언어와 말투가 친구들과 얘기하는 데만 적합하다면 당장 바꿔야 한다. 희망적이게도 그것은 훈련으로 가능하다.

나 역시 평상시 쓰는 언어와 말투가 비즈니스적이지 않아서 영업 초창기에는 애를 많이 먹었다. 그런데 언어와 말투가 중요하다는 사실을 알고 평상시에 "그랬어요, 저랬어요"를 "그랬습니다, 저랬습니다"로 바꿔 말하는 노력을 하다 보니 어느 순간 사무적이면서도 딱딱하지 않고 가볍지 않은 언어와 말투를 구사할 수 있게 됐다.

좋은 첫인상을 심어주는 것은 인간관계에서 상당히 중요하다. 한순간 마주치는 누군가에게 호감을 주는 인상과 외모를 갖췄다면 영업하는 데 플러스 요인이 된다. 그리고 그건 노력하면 누구나 갖출 수 있다.

97%를 개선했다면 이제 3%가 힘을 발휘할 때이다. 3%를 차지하는 인격은 눈에 보이지 않을 것 같지만 얼굴 표정에서 드러난다. 당당하면서도 자신감 넘치는 표정은 상대방에게 짧은 순간이지만 신뢰를 줄 수 있다. 처음 가는 곳에 기분 좋게 들어갔는데 문

전박대를 당하면 그다음 방문하는 곳을 들어갈 때 표정이 좋을 리가 없다. 얼굴이 굳어지고 당당함과 자신감이 떨어진다. 그때는 잠시 심호흡을 하고 마음을 가다듬은 다음 들어가는 것이 좋다.

오랫동안 실패가 거듭되다 보니 나에게는 3%가 가장 어려웠다. 그래서 나는 화장실에서 거울을 볼 때면 "넌 할 수 있어, 넌 잘될 거야"를 나 자신에게 끊임없이 말했고, 운전할 때는 신나는 음악을 들으면서 큰 소리로 따라 불렀다.

첫인상을 결정짓는 세 가지 요소 외모, 목소리, 인격, 이것이 개척에 필요한 준비 사항이다.

준비됐다면 이제 출발하자!

플랜, 그리고 시간이라는 자본금

허겁지겁 출근을 한다.

9시 땡 치기기 전에 사무실에 들어왔으니 지각은 아니다. 안도의 한숨을 내쉬며 동료들과 인사를 나누고 아침 조회를 시작한다. 조회가 끝난 후 커피 타임을 가지면서 이런저런 얘기를 나누다 보니 어느새 시간은 11시를 향해 치닫는다.

'아, 날씨 정말 춥네. 오늘은 또 어디를 가야 하지? 저번 주에 갔던 곳을 다시 가볼까? 아니야, 그 사람 그때 굉장히 부정적이었어. 아마 가도 안 할 거야. 그래도 한번 가볼까? 에이, 아니다. 괜히 갔다가 욕먹느니 안 가는 게 낫지. 오늘은 정말 갈 데가 없네.'

고민하는 사이 벌써 30분이 지났다. 일단 점심을 먹고 생각하기로 하고 사무실에 남아 있는 동료 몇 명과 밥 먹으러 나간다. 밥을 맛있게 먹고 후식으로 커피를 마시다 보니 어느새 1시가 훌쩍 넘는다.

'점심 먹고 바로 나갈걸. 하긴 갈 데가 없는데 뭐. 그래, 오늘은 그냥 사무실에서 고객들에게 전화를 좀 해보자.'

사무실로 돌아와 전화통을 붙잡고 몇 군데 전화해보니 부재중인 사람도 있고, 바쁘다며 툭 끊는 사람도 여러 명 있다. 약속을 하고 나가려는데 약속 잡기가 쉽지 않다. 시간은 벌써 오후 3시가 넘었다. 조금만 더 있으면 퇴근할 시간이다. 두세 시간만 더 때우면 퇴근한다는 기쁨도 있지만, 이런 식으로 하면 이달에도 실적이 바닥이라는 압박감에 마음이 무겁다. 창밖에 겨울바람이 매섭게 분다. 그나마 따뜻한 사무실에 앉아 있으니 몸은 편한데 목구멍으로 넘어가는 커피가 오늘따라 쓰디쓰다.

이 사람은 두 가지 문제를 안고 있다.

첫 번째 문제는 '오늘의 계획'이 없다는 것이다. 오늘 가야 할 곳, 전화해서 약속을 잡아야 할 곳, 결정지어야 할 곳을 정확히 계획해야 하는데 그 계획이 없다. 사실, 그날 계획은 전날 저녁에 이미 나와야 한다. 그게 아니라면 최소한 출근 전에는 나와 있어야 한다. 계획을 세워놓고도 움직일까 말까 한데 계획이 없다는 것은 엄마 잃은 아이처럼 어디를 가야 할지 모르는 상황에 처한 것과 다름없다.

나는 방문판매를 하면서 끊임없이 주위 건물들을 보고 다녔다. 그리고 괜찮은 건물이 눈에 들어오면 반드시 메모를 했다. 내일

가야 할 곳을 오늘 준비하는 것이다. 아무 데나 무작정 들어가서 일하는 것 같지만 그게 아니었다. 처음에는 뭣도 모르고 막 들어갔지만 건물에 따라 약간의 차이가 있다는 것을 알고서는 계획을 세워 움직였다.

퇴근하면 그날 실행한 스케줄을 정리하고 니즈가 있는 곳에는 반드시 견적서를 보냈고, 결정 시기를 명시했다. 그리고 내일 가야 할 곳, 전화해서 방문 약속을 미리 잡고 가야 할 곳, 결정을 지어야 할 곳을 체크한 뒤 하루를 마감했다. 아침에 눈뜨면 나에게는 그날의 플랜이 이미 설정되어 있기 때문에 멍 때릴 시간 없이 하루를 바삐 시작하게 된다.

두 번째 문제는 '시간 관리의 부재'이다. 영업인에게 시간은 자본금이다. 철저한 시간 관리가 필요한 일이 바로 영업이다. 영업은 일을 많이 하든 적게 하든 일정한 날짜에 꼬박꼬박 급여가 나오는 급여생활자가 아니라 하루하루 열심히 일한 한 달이라는 시간이 모여 실적이 쌓이고 그 실적대로 돈을 받는 자영업이다. 따라서 자신에게 주어진 시간을 누구보다도 더 철저하게 관리해야 한다. 오전은 어영부영하면 바람과 같이 사라지기 쉬운 시간이다. 뭘 좀 하려고 하면 금세 점심시간이 되기 일쑤다. 그렇기 때문에 일찍부터 움직여야 시간을 최대한 알차게 쓸 수 있다.

나는 현장에 10시 전후로 도착해서 바로 일을 시작했다. 일찍 움직이지 않으면 하루에 스무 군데를 방문하기 힘들기 때문에 서둘러 일을 시작할 수밖에 없다. 오전 일찍부터 일을 시작하면 좋은 점이 두 가지 있다. 하나는 거절을 일찍 당하기 때문에 거절에 빨리 익숙해지는 것이고 또 하나는 니즈가 있는 나무를 일찍 만날 확률이 높다는 것이다.

도끼질을 하는 중에도 중간중간 전화가 오기 때문에 통화도 하고, 통화가 끝나면 바로 또 도끼질을 해나간다. 이렇게 오전을 보내고 나면 하룻밤이 지나면서 잠시나마 무뎌진 '나'라는 칼이 금세 생기를 되찾는다.

점심을 먹고 나면 오후 일정도 마찬가지로 흘러간다. 화장실 갈 때 외에는 시간을 철저히 현장에서 보내기 때문에 허투루 낭비되는 시간이 없다. 이렇게 일하면 허탕인 날도 있지만 자그마한 것 하나라도 배우는 날이 더 많다. 그런 시간이 모여 실적이 만들어지는 것이다. 시간이라는 자본금을 낭비하는 것은 수입을 얻을 수 있는 기회를 상실하는 것과 같다. 일이 잘되든 안되든 하루라는 내 시간이 톱니바퀴처럼 돌아가면 열정과 에너지가 떨어지지 않는다. 그러면 안되는 때가 있더라도 금세 극복할 수 있다.

시간의 소중함을 모르는 사람은 인생에서 실패한다. 영업에서도 절대 예외가 아니다. 오전 일찍부터 하루를 스피드하게 시작해야 한다. 출근하면서부터 오늘의 각본이 짜여 있으면 오늘 하루가 뿌듯하게 마무리될 가능성이 높지만 그러지 않으면 지루한 하루,

특별한 일이 없는 그저 그런 하루로 마무리되기 쉽다.

오늘 일을 하면서 내일의 계획을 세워야 한다. 하루를 마무리하면서 내일 계획을 완성해야 한다. 그리고 다음 날 아침이 되면 전날 완성한 계획대로 오늘이라는 시간을 온전히 사용해야 한다. 눈을 뜨면서 '아 오늘 하루는 바쁘다. 일찍부터 움직이자'고 결심하는 사람은 정상적으로 일하는 사람이다. 눈을 뜨면서 '아 오늘은 어디를 가야 하지?' 고민하는 사람도 정상적으로 일하는 사람이다. 전자의 정상은 성공의 정상이고, 후자의 정상은 실패의 정상이다.

당신은 지금 어느 정상에 머물러 있는가?

순간을 가르는 힘, 명분

영업의 꽃은 '개척영업'이다.

개척은 황무지를 개간하여 비옥한 땅을 만드는 것이다. 수없이 널린 돌, 나무로 우거진 숲을 곡식을 거둘 수 있는 땅으로 바꾸는 작업에는 오랜 시간과 고된 노동이 수반된다. 황무지를 개간하는 일이 쉽지 않듯 개척영업 역시 시작하기도 쉽지 않지만, 지속하기는 웬만한 마음의 결단 없이는 솔직히 쉽지 않다.

그러나 반드시 알아야 할 것은 영업으로 돈을 벌고 성공하기를 원한다면 개척은 피할 수 없는 과정이라는 점이다. 그 과정을 통과하지 않고는 내가 원하는 위치까지 도달할 수가 없다.

나는 '매일 20군데를 신규 방문하겠다'와 '단 하루도 쉬지 않겠다'는 두 가지 목표를 세우고 개척을 시작했다. 그리고 개척에 많은 시간을 들이면서 영업의 진수를 맛보게 됐고 그 속에서 개척영업에 가장 필요한 핵심 포인트를 발견했다.

영업인인 내가 어느 업체를 새로 방문해서 누군가를 만났다고 치자. 처음 만난 그와 나 사이에 단 몇 초라는 시간이 흐른다. 그 찰나의 순간에 내가 하는 말이 어떠한지에 따라 그 사람과 나의 관계가 몇 초 만에 끝날 수도 있고 몇 분, 몇 시간으로 늘어날 수도 있다. 그렇다면 낯선 방문자인 내 말에 상대가 귀를 기울이게 만드는 방법이 무엇일까? 그런 비결이 과연 있을까?

있다. 그게 바로 '명분'이다.

사극을 보면 당파 싸움을 하는 장면이 곧잘 나온다. 그 싸움에 늘 빠지지 않는 대사가 있다.

"이게 과연 명분이 있는 것이오? 이 명분 가지고는 안 됩니다. 명분이 있으면 대세를 뒤집을 수 있지만 그렇지 못하면 대세를 뒤집을 수 없습니다. 다른 명분을 찾아야 합니다. 반드시!"

그렇다. 명분이 있으면 소수라도 다수를 이길 수 있지만 명분이 없으면 다수라도 소수를 이길 수 없다. 이 명분이야말로 개척영업에서 핵심 포인트이다.

개척은 순간이다. 잠깐이라는 시간 동안 상대는 내 말에 귀를 기울일지 말지를 판가름한다.

두 영업인의 사례를 보자.

영업인 A

"안녕하세요? 혹시 통신 담당하는 분 계십니까?"

"네, 접니다. 무슨 일 때문에 그러십니까?"

"○○ 통신사에서 나왔습니다. 지금 쓰고 있는 통신사에서 저희 회사로 바꾸시면 이러이러한 혜택이 있습니다…."

영업인 B

"안녕하세요? 혹시 통신 담당하는 분 계십니까?"

"네, 접니다. 무슨 일 때문에 그러십니까?"

"○○○ 통신사에서 나왔습니다. 다름이 아니고, 바로 앞에 □□사거리 있죠? 그 사거리에서부터 저 앞 ××까지 구간에 있는 건물들의 인터넷 환경이 상당히 취약합니다. 그래서 저희 통신사에서 이 구간 전체에 광회선을 구축할 계획을 가지고 있어요. 그런데 수요가 없으면 구축할 필요가 없기 때문에 수요 조사 차원에서 나왔습니다. 잠깐 시간 좀 내어 주십시오. 도움이 되실 겁니다."

만약 당신이라면 A, B 두 영업인 가운데 누구 말에 귀를 기울이겠는가? 그리고 그 이유는 무엇인가?

이게 바로 순간을 가르는 힘, 바로 명분의 힘이다. 상대가 납득할 만한 확실한 명분이 있으면 찰나이긴 하지만 내 말에 귀를 기울이게 할 수 있다. 10초간 듣더라도 귀를 기울여 듣는 것과 1시

간을 듣더라도 건성으로 듣는 것은 그 결과가 하늘과 땅만큼이나 차이 난다. 낯선 사람과의 만남이 고객이라는 관계로 이어지는 데 가장 중요한 키포인트가 바로 명분이다.

2016년 4월 첫날, H 건설회사에 근무하시는 분이 강연을 들으러 왔다. 기업의 CEO를 상대로 부동산을 판매하는 그는 내가 강연을 마치자 이렇게 말했다.

"강사님, 오늘 강연을 통해 제가 그동안 정말 간지럽던 곳을 시원하게 긁은 것 같습니다. 제 일은 회사 대표를 만나야 하는 건데 대표를 만나기도 쉽지 않고, 대표실에 대표가 있다 하더라도 문전에서 직원들에게 번번이 거절당하고…. 도대체 무엇이 잘못되었는지 계속 고민했었습니다. 답답한 마음에 이런저런 강의를 많이 들으러 다녔지만 속 시원한 답을 찾지 못했는데, 오늘에서야 정말 답을 찾은 것 같습니다. 그동안 제 일에는 '명분'이 빠져 있었네요. 영업과 관련해서 명분이란 단어도 사실 오늘 처음 들었습니다. 명분이 개척에 가장 중요한 포인트라는 것을 전혀 몰랐습니다. 정말 감사합니다."

반짝이는 눈빛과 환한 표정에서 감을 잡았다는 느낌을 받았는데, 2주가 지나서 문자가 왔다.

"오전에 10군데 업체에 가서 니즈가 있는 대표님 두 분과 미팅을 했습니다. 한 분한테는 견적까지 들어갔습니다. 점심 맛있게 드세요 대표님^^"

그러더니 일주일 후 다시 문자가 왔다.

"대표님, 확률세일즈로 오늘 첫 계약이 이루어졌습니다. 맨 먼저 소식 전합니다. 금액은 3억 5천만 원입니다. 감사합니다~ ^^"

또 일주일 후….

"대표님 두 번째 계약 성사되었습니다. 감사드립니다~"

그는 지금 몇 사람이 팔 몫을 혼자 다 팔아버리는 사람으로 완전히 바뀌었다. 그에게는 성실도 있었고, 열정도 있었다. 그런데 개척영업에서 가장 중요한 포인트인 '명분'이 빠져서 결과가 좋지 않았던 것뿐이다. 그 점을 깨달은 후 자기 일에 바로 적용하고는 결과를 완전히 바꿔버린 것이다. '명분'이 얼마나 중요한지 알 수 있는 단적인 사례이다.

그런데 명분은 개척영업에만 통용되는 것이 아니다. 영업의 모든 부분에 적용할 수 있다.

"담당자님, 혹시 가부간 결정이 나셨습니까?"

"아니요. 아직 안 났습니다."

"그렇군요. 이번에 나온 저희 프로모션이 설 명절이라는 특수성에 맞춰 나온 겁니다. 영업 일수는 짧은데 목표치는 채워야 해서, 짧은 시간 동안 고객 유치를 하려다 보니 무리수를 둘 수밖에 없어서 이번 프로모션이 나오게 됐어요. 사실 저희 제안을 받아들이고 안 받아들이고는 둘째 치고 고객 입장에서 봤을 때 메리트가 있는 것은 사실입니다. 한시적 프로모션이라서 시간을 계속 끌 수 없는 상황이니 결정을 정확하게 지어주십시오."

클로징을 압박할 때도 명분을 갖고 하는 것과 명분 없이 하는 것은 차이가 크다. 결정을 지어야 할 정확한 이유, 즉 명분이 전달되면 고객 측에서는 어떻게든 마무리를 짓고자 노력하게 된다. 그런데 명분이 없는 경우라면 일이 확실히 마무리되지 못하고 구렁이 담 넘어가듯이 흐지부지될 확률이 높아지는 것이다.

개척영업에서 가장 중요한 것은 바로 명분이다. 명분을 가지고 개척하면 상대가 내 제안을 쉽게 거절하지 못하고 영업하는 나 역시 당당하게 일할 수 있다.

이렇게 중요한 명분이 빠진 상태로 개척을 한다면 결과는 어떻게 될까? 네온사인이 번쩍거리는 술집이 즐비한 거리에서 유명 연예인 이름표를 달고 명함을 뿌려대며 자신과 술집을 홍보하는 여리꾼(삐끼)과 다를 바 없는 영업을 하는 셈이다. 길 가다 그런 명함을 받으면 쉽게 버리듯이 개척에서 명분이 빠지면 상대방이 나를 쉽게 거절하게 된다.

개척영업에서 결과를 만들어 내려면 내 방문을 거절하기 어렵게 만들어야 한다. 그렇게 만드는 핵심 포인트가 바로 명분이다. 명함을 많이 뿌리는 게 중요한 게 아니라 한 장을 주더라도 상대가 명함을 소중히 다룰 수 있도록 하는 것이 중요하다.

명분이 빠진 명함 돌리기는 거리에 나뒹구는 쓰레기를 생산하는 꼴밖에 되지 않는다. 명함 한 장, 전단지 한 장을 주더라도 명분을 갖고 주는 것이 그러지 않은 것과 비교해 상대의 반응도 좋을 뿐더러 나중에 고객으로부터 전화를 받을 확률 또한 높아진다. 그러므로 내 일에서 상대방이 납득할 만한 명분을 어떻게든 만들어 낼 줄 알아야 한다.

명분을 세웠다면 이제 개척에 나서라. 명분은 고객의 거절로부터 몸을 탄탄히 막아주는 방패가 될 것이고, 때로는 고객이 가진 거절이란 방패를 뚫는 매서운 창검도 될 수 있다.

현장에 존재하는 두 가지 가치

천만 원을 주고 샀는데 2천만, 3천만 원의 값어치를 하면 천만 원도 싼 셈이고, 만 원을 주고 샀는데 5천 원의 값어치도 못 한다면 만 원도 비싼 게 된다. 500원짜리 생수를 오아시스가 없는 사막에서 목마른 사람에게 판다면 백만 원을 불러도 팔릴 것이다. 사람 목숨이 왔다 갔다 하는 상황에서 생수의 값어치가 달라지기 때문이다. 이것을 '가치'라고 한다.

값싸고 좋은 가방도 많은데 고가의 명품 가방을 사는 것은 가치를 사는 행위이고, 비싼 돈을 주고 벤츠나 BMW를 사는 것은 그 차의 가치를 인정하는 것이다. 영업을 잘하려면 자기가 몸담은 회사나 판매하는 제품에 가치를 부여할 줄 알아야 한다.

영업 현장에는 두 가지 가치가 존재한다. 하나는 '나'라는 사람의 가치이고, 또 하나는 내가 판매하는 '상품'의 가치이다.

현장에는 냉대는 기본이고 거절은 기초인 상황이 무척 많다. 시베리아처럼 차가운 고객을 연거푸 만나다 보면 하루에도 몇 번씩 자멸감이 들기 일쑤이고, '내가 지금 무엇을 하고 있는가?' 하고 자신을 의심하는 마음도 자주 일어난다. 이때 자신이 가치가 없는 사람이라고 느끼면 현장에서 지탱할 힘을 잃게 된다. 현장은 자신의 가치를 스스로 인정한 사람만이 생존할 수 있는 곳이다. 그렇다면 누가 나의 가치를 정하는 것일까? 나 자신이다. 이건 오직 스스로 해야만 한다.

가치를 찾는 일은 아주 간단하다. 내가 없다면 세상이 존재할까? 존재하지 않는다. 세상은 내가 존재할 때만 존재한다. 내가 만약 가장이라면 가장이 없는 우리 집을 상상이나 할 수 있을까? 아이들에게 아빠 또는 엄마가 없어지는 것보다 더 큰 재앙이 있을까? 평생 나만 바라보고 사신 부모님인데 내가 사라진다면 부모님의 상실감을 무엇으로 채울 수 있단 말인가? '나'라는 사람의 빈자리를 세상 그 누구도 메울 수 없다는 것을 알아야 하고, 그것만으로도 나에 대한 가치는 충분히 인정된다.

내가 매일 20군데에서 개척영업을 하면서 수없는 거절, 추위, 더위, 외로움을 버틸 수 있었던 것은 내가 인정하는 나의 가치가 높았기 때문이다. 자신의 높은 가치를 반드시 찾아 인정한 다음 현장을 나가야 하고, 현장에서 한시라도 잊으면 절대 안 된다.

둘째는 내가 판매하는 '상품' 가치이다. 앞서 얘기한 것처럼 상

품이 비싸고 싸고는 '가치'가 결정한다. 영업인은 가격, 품질, 서비스 면에서 자신이 판매하는 상품의 월등한 '가치'를 스스로 인정함은 물론이고 고객에게 전달할 줄 알아야 한다.

　모든 상품에는 가격이 있다. 그런데 상품에 대한 '가치 부여'가 어떠한지에 따라 고객은 싸다고 느낄 수도, 비싸다고 느낄 수도 있다. 현장에는 내가 판매하는 상품과 비슷한 것이 정말 많이 유통된다. 또 고객은 너무나 많은 정보를 알고 있다. 혹은 종류가 너무 많아 어느 것이 좋고 나쁜지, 싸고 비싼지 모르는 경우도 있다. 그 틈에서 나의 상품을 빛나게 하는 방법의 핵심은 정확한 가치 부여이다. 고객이 지금 당장 Yes 하지 않더라도 확실한 가치가 부여되어 전달된다면 나중에라도 연락이 올 확률이 높지만, 그렇지 않다면 한 번의 만남과 거절로 마무리될 확률이 높다.

오래전에 휴대전화를 판매할 때 다른 가게에서는 공짜로 주는 휴대전화를 나는 3~5만 원을 받고 팔았다. 공짜로 주는 것에 5만 원을 부르면 안 팔릴 거라 생각하기 쉽지만 전혀 그렇지 않았다. 공짜 휴대전화는 가치가 없다고 여기는 경우가 많았고, 5만 원을 주고 사는 휴대전화는 오히려 싸게 줘서 고맙다고 인사하고 또 다른 고객을 소개해줬다.

이유가 무엇일까? 나는 휴대전화에 '가치'를 부여해 5만 원도 싸다고 느끼게 했다. 공짜로 주면 누구나 가져갈 것 같지만 가치 부여가 되지 않으면 공짜로 줘도 가져가지 않는다는 사실을 알았고, 고객이 구매를 결정하는 데 있어 가격이 1순위가 아니라는 사실도 알았다.

가치 부여가 정확히 된 상품은 비싸도 싼 게 되고, 안 된 상품은 싸도 비싼 게 된다. 물론 가치 부여를 잘했다고 해서 모두가 내 고객이 되는 것은 아니다.

"이거 지금 사용하고 있는 것보다 훨씬 비싼데요?"
"지금 사용하시는 것은 교통수단에 비유하자면 자전거입니다.

그런데 제가 지금 제안하는 것은 자동차입니다. 비교는 자전거는 자전거끼리 자동차는 자동차끼리 하는 게 맞죠. 자전거와 자동차를 비교하는 것은 형평성에 맞지 않습니다."

최선을 다해 가치를 부여하고, 가치에 비해 가격이 굉장히 저렴하다는 것을 열심히 설명했는데 고객이 이렇게 묻는다.

"그래도 비싼 것 같은데요?"

그러면 나는 다음과 같이 대답하고 조용히 자리를 뜬다.

"네, 알겠습니다. 그럼 지금 사용하시는 것을 그냥 사용하시는 게 나을 것 같습니다."

가치를 충분히 전달했는데도 가격만 가지고 왈가왈부하는 것은, 다 같은 가방인데 루이비통은 왜 그리 비싸냐고 말하는 것과 같다. 모두가 다 명품을 소유할 수는 없다. 이럴 때는 시간 낭비하지 말고 가볍게 '패스' 하면 된다.

자신이 세상에서 가장 가치 있는 사람이라고 여기는 영업인은 현장의 풍파를 이겨낼 수 있다. 상품에 대해 정확한 가치 부여는 고객의 구매 결정에 막대한 영향을 미친다. 가치는 남이 정해주는 것이 아니고, 스스로 부여하는 것이다.

가치 부여가 끝났다면 어떠한 상황이나 순간에도 그것을 유지하라!

태풍을 만들고, 태풍의 눈으로 들어가라

"중요한 건 스피드"라는 말이 유행한 적이 있다. 나는 이 말에 전적으로 공감한다. 일이 잘되는 가장 중요한 포인트가 '스피드'이기 때문이다. 일에 속도가 붙지 않으면 내가 원하는 위치에 이를 수 없고 돈을 벌 수도 없다.

가을 낙엽이 하나둘 떨어지는 풍경은 한적하다. 그 한적한 풍경은 왠지 모를 편안함을 준다. 알록달록한 잎들이 살랑살랑 바람에 날리고, 하늘거리며 떨어지는 잎새는 참 아름답다. 그러나 이건 어디까지나 가을 풍경에만 해당하는 얘기다.

만약 영업이 이렇게 진행된다면 끼니를 굶게 된다. 영업의 생명은 스피드다. 일에 스피드가 붙지 않고, 오뉴월 엿가락처럼 늘어지면 조만간 그 엿가락이 더 늘어나서 집에 콕 붙어 있게 될 것이다.

스피드를 붙게 하려면 과연 어떻게 해야 하는가?

나는 매일 20군데 업체를 신규로 방문했다. 하루 종일 열심히 일해서 모은 명함을 저녁이 되면 열심히 정리한다. 니즈가 있는 업체를 먼저 선별하고, 그 업체에 해당하는 견적서를 발송한다. 견적서를 발송한 회사에는 반드시 전화해서 클로징 날짜를 정확히 받아내고, 그 날짜가 되면 반드시 전화해서 Yes 또는 No를 받아낸다.

하루에 20군데를 가면 니즈가 전혀 없을 때도 있고, 몇 개씩 있는 경우도 있다. 일주일 내내 전혀 없을 때도 있지만 나의 제안을 받는 곳이 하루에 몇 군데씩 생기기도 했다. 그래서 매일매일 성실하게 나에게 주어진 오늘의 미션을 완수하기 위해 노력하는 것이 중요한 포인트다.

이렇게 일주일을 보내면 약 100명의 고객을 만나게 되고, 그중 견적서를 보내야 할 고객이 반드시 생긴다. 한 주가 지나면 고객 100명을 새로 다시 만나고, 지난주에 견적서를 보낸 곳에 대해 클로징을 해나간다.

지난주 만난 니즈가 있는 고객 중에 이번 주에 클로징이 안 되고, 다음 주로 밀리는 일도 발생하면서 클로징을 해야 하는 고객 수가 쌓여간다. 셋째 주가 되면 신규 고객 100명을 방문하고 클로징을 해야 할 고객이 여러 명으로 늘어난다. 넷째 주가 되면 또다시 신규 고객 100명을 방문하고, 클로징을 해야 할 고객이 더 많이 늘어나게 된다.

정리하면 다음과 같다.

첫째 주 5일(신규 고객 100명 방문)

둘째 주 5일(신규 고객 100명 방문 + 첫째 주에 발견한 니즈가 있는 고객 클로징)

셋째 주 5일(신규 고객 100명 방문 + 첫째 주와 둘째 주에 발견한 니즈가 있는 고객 클로징)

넷째 주 5일(신규 고객 100명 방문 + 첫째 주, 둘째 주, 셋째 주에 발견한 니즈가 있는 고객 클로징)

핵심이 무엇인가?

바로 '스피드'다. 일의 결과와 상관없이 내가 바빠지는 것이다. 신규 방문을 계속하면서 중간중간 전화로 클로징을 하고, 문의 전화를 받고, 또 신규 고객을 방문하면서 영업에서 아주 중요한 포인트가 또 생겨나게 된다.

'열정'

스피드와 열정은 동의어이다. 열정은 스피드가 붙었을 때 생겨나고, 열정이 있으면 자연스럽게 스피드가 붙는다. 이 둘의 관계는 떼려야 뗄 수가 없다. 장사가 잘되는 가게는 늘 분주하다. 직원이 많아도 일손이 부족할 정도로 손님이 몰리기 때문에 서비스가 엉망이고 불친절한 경우도 있다. 그런데 사람들은 엉망(?)인 서비스를 감수하고 그곳에 다시 간다. 엉망처럼 보이지만 그런 가게에는 스피드가 붙어 있고, 일하는 사람들이 모두 열정적이다. 바쁘기 때문에 저절로 열정이 붙는 것이다.

마찬가지다. 고객과 상담하는 중에도 끊임없이 울려대는 휴대전화 벨소리는 상담 고객으로 하여금 나의 열정을 느끼게 하고 '일이 정말 잘되는 모양이다'는 인상을 준다. 설사 그런 인상을 주지 않더라도 상관없다. 내가 바쁜 게 중요하다. 바쁘면 고객이 거절하더라도 상처 받지 않거나 그 정도가 약하다. 스피드가 붙으면 상처를 느낄 시간이 없기 때문이다.

한 주, 한 달, 시간이 지날수록 일에 속도가 더 붙는다는 느낌을 받게 된다. 가속도가 붙기 시작하는 것이다. 일단 가속도가 붙으면 그다음에는 속도를 줄이기가 더 어려워진다. 그때부터는 뛰어가는 게 아니라 날아다닌다. 이쯤 되면 내가 일을 하는 게 아니라 일이 일을 한다. 몸이 두 개라도 모자라고, 내 몸의 배터리는 계속 방전 신호를 보내온다. 정신도 없고 몸은 힘들지만 마음만은 행복하다. 아니 평온하다. 통장 잔액은 마이너스에서 플러스로 돌아섰는데 돈을 쓸 시간적 여유가 없다. 내 영업에 태풍이 만들어진 것이다.

태풍이 불 때는 가로수가 넘어지고 건물이 무너지기도 한다. 태

풍은 거침없고, 거대한 소용돌이로 자기가 가는 길에 있는 모든 것을 휩쓸어버린다. 그런 태풍을 만들어야 한다. 거대한 소용돌이를 만들어서 지나는 길마다 확실한 나의 자국을 내야 한다. 대세를 바꾸기는 어렵다지만 이렇게 태풍을 만들고 휘몰아치면 바꿀 수 있다. 참새처럼 짹짹거리지 말고 태풍처럼 휘몰아쳐라. 그리고 오늘 나의 태풍을 만들기 위해서 길을 나서라!

고독한 러너

"대표님, 저 어제 책 읽다가 웃겨서 죽는 줄 알았어요."

"왜 재밌는 내용 있었어요?"

"네, 그 책에서 말하는 인재가 딱 대표님이에요."

"인재가 뭐라고 했길래 내가 생각났어요?"

"여기 이 회사는 초창기에 사람을 뽑을 때 밥 빨리 먹고, 화장실 볼일 빨리 보는 것이 입사 기준이었답니다. 그 이유가 이것들을 빨리 하는 사람이 일도 빨리 하고 일도 잘한다는 거예요. 대표님은 식사도 굉장히 빨리 하고, 볼일도 정말 빨리 보시잖아요. 딱 대표님이에요. 책 보면서 얼마나 웃었던지…."

그쯤 들으니까 책 제목이 떠올랐다. 『일본전산 이야기』이다. 한때 베스트셀러였던 이 책을 나도 읽었는데, 그 채용 기준을 보면서 한참을 웃었다.

"오빠, 밥 좀 천천히 먹으며 안 돼요? 밥 먹는 거 보면 내가 숨이 차서 밥을 못 먹겠어요. 누가 쫓아오는 것도 아닌데 무슨 놈의 밥을 그렇게 먹어요. 천천히 느긋하게 좀 먹어요. 편안하게."

내가 아내한테 신혼 초에 자주 듣던 말이다. 어릴 때 눈칫밥을 먹고 자라서 밥을 빨리 먹는 습관이 들었고, 혼자 일하면서 그 습관이 더 굳어졌다. 때 되면 밥을 먹기는 해야 하는데, 북적대는 식당에서 남들은 삼삼오오 모여 밥을 먹는데 나 혼자 떡하니 한 자리를 차지하고 있자니 맘 편히 먹기 힘들었다. 그래서 후딱 먹고 자리를 빨리 비우는 일이 잦았다.

혼자 일하면서 제일 힘든 것 중 하나가 바로 식사 해결이다. 다 먹고살자고 하는 일인데 밥 한 끼를 맘 편하게 천천히 못 먹는다는 게 어찌 보면 서글프기도 하다. 영업 초창기에는 주로 강남 지역에서 일했는데 점심시간에 쏟아져 나오는 엄청난 인파 틈에서 밥을 먹기가 곤란했던 적이 한두 번이 아니다. 아예 빨리 먹든지 아니면 붐비는 시간을 피해서 먹든지 하고, 이것도 저것도 안 되면 건너뛰기도 했다. 그러다 보니 원래 빠른 식습관이 더 빨라져서 직원들과 함께 식사하면 직원들이 반쯤 먹었을 때 나는 이미 다 먹어버리는 일이 다반사이다.

영업은 혼자서 하는 경우가 많다. 나는 줄곧 혼자 일했고 누군가와 팀을 이루어서 한 적이 없다. 회사를 운영하면서 직원들과 같이 일하지만 현장에서는 철저히 혼자이다. 때로는 현장 영업을 가르치기 위해 직원 교육 차원에서 한 명씩 데리고 다니곤 하지만 교육 기간이 끝나면 결국 나 혼자 일한다.

거의 대부분의 영업인들이 나처럼 혼자 일할 것이다. 철저히 혼자 모든 것을 판단하고 선택하고, 그 선택대로 고독하게 실행해나가는 것이 어쩌면 힘에 부칠 수도 있고 외롭다고 느낄 수도 있다.

나이가 좀 어린 영업 사원이 있었다. 술을 한잔하면서 "가장 힘이 드는 게 뭐니?"라고 물어보니까 "외로움"이라고 대답했다. 혼자 밥 먹고 혼자 일하는 게 너무 외롭다면서 내 앞에서 눈물을 보였다. 그 마음이 십분 이해되어 나는 아무 말도 하지 못했다. 이제는 익숙해진 일이긴 하지만 나도 초창기에는 누군가와 함께 일하면 무척 좋겠다는 생각을 자주 했다. 고약한 고객을 만나면 같이 욕도 하고, 일하다 지치면 커피 한잔 나누고, 일이 끝나면 소주 한잔 하면서 그날 한 일을 나누면 참 좋겠다는 생각을 정말이지 참 자주 했다.

어떻게 일해야 돈도 벌고 성공도 하고 남들만큼 살고, 사람답게 살 수 있는지 등등, 영업에 관한 의문, 삶에 의문이 들 때마다 고개를 쳐들고 나에게 달려드는 것이 외로움이었다. 그런데 불행인지 다행인지 주위에는 아무도 없었다. 철저히 혼자 남겨진 사람처럼 내게 주어진 오늘이라는 인생의 시간을 오롯이 살아내야만 했다.

하나부터 열까지 내가 선택하는 것이 다 들어맞지는 않았지만 그 정확도는 세월이 갈수록 높아졌다. 결국 알게 된 것은 외로움이 사람을 성장시킨다는 것이다. 시스티나 성당에서 몇 년 동안 천장에 거꾸로 매달려 「천지창조」를 그리던 미켈란젤로도 혼자서 외롭게 그 벽화를 그렸다. 다산 정약용 선생님은 20년이라는 긴 세월을 유배지에서 외로움과 싸우며 책을 읽고 글을 썼다. 그리고 그 외로움의 결과물로 500여 권이라는 방대한 저서를 우리에게 남겼다.

영업을 하면서 느끼는 외로움은 그저 외로움으로만 그치지 않는다. 그러기에 외로움은 반드시 혼자서 이겨내야만 한다. 스스로 외로움을 이겨내고 당당하게 서지 않으면 영업 세계에서 생존하기도, 성공하기도 어렵다.

내가 홀로 서지 못하면 흔들리는 누군가를 설 수 있게 돕지 못한다.

"흔들리는 나무에는 새가 앉지 않는다"는 말이 있듯이, 인생과 영업 현장에서 홀로 굳건히 서라. 흔들리는 누군가를 설 수 있게 도와주는 사람이 될 수 있도록.

자영업에서 '자'를 떼면 남는 단어는 영업
웰컴 투 더 정글
당신은 영업 체질입니까
영업의 프로세스
칼은 사용하면 할수록 예리해진다
인생은 불공평할 수 있지만 영업은 공평하다
"조금만 더 하면 됩니다." 이건 거짓말이다
현장에서 멀어지면 꿈에서 멀어진다

5

인생 제2의 직업으로
영업이 1순위다

자영업에서 '자'를 떼면 남는 단어는 영업

어느 자리에서 만난 분이 이런 말을 했다.

"이제 남은 것은 정말 영업직밖에 없는 것 같습니다."

곰곰 생각해보니 맞는 말인 것 같다. 세상이 변한 것을 새삼 느끼기도 했다.

기업 수명이 짧아졌고, 정년이라는 단어는 옛말이 됐다. 인생에서 제2, 제3의 직업을 찾아 떠나야 하는 난민이 더욱더 많아지고 있는 셈이다. 자영업의 쓸쓸한 결말은 이제 상식이 되었지만, 그냥 손 놓고 있기에는 좌불안석이다. 남은 것은 영업직밖에 없다는 말에 동의가 되는 이유이다.

영업을 하면서 많은 자영업자를 만났는데 어느 것 하나 쉽지 않다는 것을 절실하게 느낀다. 그분들은 영업을 하는 내게 말한다.

"영업이 정말 쉽지 않은 일이죠? 어려움이 많으실 것 같습니다."

위안이 섞인 말을 건네지만 그분들이 하는 일도 그리 쉬워 보이지는 않는다. 무슨 일이든 겪어보면 나름의 어려움이 있겠지만 그분들이 하는 일과 내 일의 장단점을 따져보았을 때 내 일이 단점보다 장점이 더 많은 것 같다.

첫째, 리스크의 크기다. 웬만한 가게 하나 차리려면 억대의 돈이 들어가는 세상이다. 억이란 돈을 모으려면 안 쓰고 안 입는 세월을 무척이나 오래 보내야 한다. 이런 거금을 들여 장사를 시작해도 통계청 자료에 의하면 5년 안에 망할 확률이 90% 이상이라고 하니 할 말이 더 없다.

영업 일에는 그런 리스크는 없다. 자영업을 할 때 투자해야 하는 목돈이 들지 않기 때문에 투자금을 날리는 위험에서는 일단 자유롭다고 할 수 있다. 물론 리스크가 아예 없는 것은 아니다. 영업이 안되면 돈을 벌지 못하는 리스크가 존재한다. 그러나 상대적으로는 그 규모가 굉장히 적다고 볼 수 있다.

둘째, 고정비용이 주는 부담의 크기다. 큰 돈을 투자하고 자영업을 시작하지만 제대로 돈을 벌기는 무척 어렵다는 것을 뉴스를 통해서 심심찮게 보고 듣는다. 돈을 좀 번다는 사람들도 실제 가져가는 순수입 규모가 비용 투자, 시간 투자 대비했을 때는 그리 많아 보이지 않는다. 월세, 공과금, 세금, 직원 급여 등등 매월 나가는 고정비용 지출이 많기 때문이다. 그래서 웬만큼 벌어서는 수

익을 내기가 쉽지 않다.

　영업에서도 고정비용이 지출되긴 하지만, 상대적으로 굉장히 적은 편이다. 내 경우에는 지금은 사무실이 있고 직원들도 있기 때문에 고정비용이 들지만 혼자서 일할 때는 고정비용이 아예 없었다. 그렇기 때문에 수입이 적어도 남고, 많으면 더 많이 남을 수 있는 것이다. 1인 기업으로 일하면 고정비용이 거의 없기 때문에 이 점에 있어서도 영업에 장점이 더 많다.

　셋째, 스타트 시점이다. 자영업을 하려면 사전에 많은 준비를 해야 한다. 스타트를 위한 준비 과정에 많은 시간과 에너지를 쏟아야 하는 것이다. 어떤 종목을 선택해야 하는지, 어느 곳이 좋은지, 시장 상황은 어떤지, 초기 자본금은 어떻게 조달해야 하는지, 손익분기점을 어느 시점으로 잡아야 하는지, 그때까지 버티려면 어떻게 해야 하는지, 직원은 몇 명을 둬야 하는지 등등 하나에서 열까지 많은 것을 철저하게 준비하고 체크해야 한다.

　이렇게 준비해서 스타트하기까지 며칠이 걸릴 수도 있고 몇 달이 걸릴 수도 있다. 이 모든 것에 들이는 시간과 노력을 줄이기 위해 프랜차이즈를 선택하는 경우도 있지만, 가맹비가 비싸고 본사에서 모든 것을 대행해주는 것은 아니어서 스스로 해야 할 일이 또 있다. 사전 준비 작업을 철저히 하고 시작한다고 하더라도 성공이 보장되는 것은 아니라는 것도 문제다.

　반면에 영업은 사전 준비 작업에 많은 시간과 에너지가 소비되지 않는다. 회사와 업종마다 다르긴 하지만 보통 1~3개월 교육 기간이 있고 일정 시간의 교육이 끝나면 바로 현장에 투입된다. 짧은 시간 안에 스타트를 할 수 있기 때문에 시작도 하기 전에 지치는 일은 별로 발생하지 않는다.

넷째, 업종 변경의 용이성이다. 자영업은 업종을 선택하기도 힘들지만 변경하기도 쉽지 않다. 업종을 변경하려면 또다시 많은 비용이 들기도 하고 그에 따른 리스크 발생도 상당하다. 가게 장소를 변경하는 것도 굉장히 어렵다. 계약 기간이라는 제약도 있지만 옮길 때 발생하는 큰 금액의 인테리어 비용은 변경을 하고 싶어도 하지 못하는 장애물로 작용한다.

영업에서의 업종 변경이나 이직은 자영업과 다르다. 본인 의사만 있으면 다른 회사를 선택할 수 있고, 품목이 자신과 안 맞는다 싶으면 아이템 자체를 변경할 수도 있다. 물론 그에 따르는 장애물도 자영업보다 훨씬 적다. 회사나 아이템 변경이 쉽다는 것이 한 우물을 파는 데 불리할 수도 있다. 그러나 스스로 선택해서 실천할 수 있다는 것과 선택은 했지만 실천에 제약이 따르는 것에는 상당한 차이가 있다고 본다. 이 점도 영업의 장점이다.

나는 집이 가난했고, 학력도 짧고, 배경도 없었다. 그런데 영업 일을 하면서 큰 부자는 못 됐어도 먹고사는 데 지장 없고, 학력이 주는 지식도 좋지만 책과 영업 현장에서 쌓은 배움이 더 값지다는

것도 알았다. 이순신 장군처럼 소신과 원칙이 있으면 누군가에게 기댈 필요가 없다는 것도 영업하면서 알게 됐다.

영업의 장점은 앞서 말한 것보다 훨씬 더 많다. 어차피 자기 인생을 스스로 개척해야 한다면 영업은 좋은 도구가 될 수 있다. 목돈을 투자해서 할 수 있는 좋은 일도 있겠지만, 돈이 없다고 인생에서 기회가 아예 없는 것은 결코 아니다.

영업은 가장 진실한 게임이다. 물론 그에 따른 대가는 반드시 지불해야 하겠지만, 그점은 영업에만 해당되는 것이 아니라 인생 전반에 적용되는 공통분모다.

그러니 이제부터는 영업이 주는 가능성에 귀를 쫑긋 세워보자.

혹시 아는가. 이 일로 인생 제2의 전성기가 시작될지. 아무도 모를 일이다.

웰컴 투 더 정글

동물원에 있는 사자와 밀림에 있는 사자가 다른 점은 무엇일까?

누군가 먹이를 가져다주는 것과 스스로 먹이를 찾아야 한다는 것. 바로 그점이 다르다. 동물원 사자는 먹이를 구하려 애쓸 필요가 없고, 먹이를 구하지 못해 배고플 일도 없다. 적당한 시간이 되면 사육사가 주는 신선한 먹이를 그저 입 벌려 먹으면 되고 배가 부르면 안 먹으면 그만이다. 이보다 편할 수가 없다.

그러나 정글의 사자는 사정이 다르다. 매끼마다 스스로 먹이를 구해야 하고 자기 몸을 스스로 보호해야 할 뿐 아니라 딸린 식구까지 챙겨야 한다. 사자라는 같은 운명을 타고났음에도 먹고사는 것을 아무 걱정 없이 해결하는 동물원의 사자와 끼니마다 먹잇감을 찾고 온 힘을 쏟아 사냥하며 살아야 하는 정글의 사자.

만약 당신이 사자라면 어떤 운명을 선택하고 싶은가?

영업은 정글의 세계다.

이번 달 내 수입을 누구도 대신 결정하지 않고, 대신 채워주지 않는다. 영업인이 오로지 자기 능력으로 수입을 만들어 내어 삶을 영위해야 한다는 점에서는 정글의 사자와 같은 운명이라고 볼 수 있다.

최고의 포식자 중 하나인 사자이지만 정글에는 생명을 위협하는 요소들이 있기 마련이다. 영업 일에서는 수입의 불안정성이 늘 존재한다. 그것이 생명을 직접 위협하지는 않을지라도 경제적 리스크가 늘 따른다는 점에서 정글과 비슷하다.

정글의 사자는 스스로 먹잇감을 찾아야 하지만 불평하지 않는다. 먹잇감을 잡기 위해 집중된 훈련을 하고 숙련된 솜씨로 사냥을 한다.

정글에 사는 사자가 늘 먹잇감을 찾아다니지만 그것을 불평하지 않는 것처럼 새로운 고객을 늘 찾아다니는 영업인은 그것에 불평이 없어야 한다. 당연한 것이다.

사자가 자신의 먹이를 찾아다니는 것이 당연하듯이 영업인이 고객을 찾는 것만큼 자연스러운 일은 없다. 반복되는 그 일상에 지친다고 말하는 사람들이 있다. 그건 사자가 사냥을 포기하겠다는 것과 같은 말이다. 사냥을 포기하는 사자가 과연 얼마나 더 생존할 수 있을까? 길어 봤자 며칠이다.

새 고객 확보를 불평해서는 안 된다. 그건 우리 영업인에게 주어진 숙명 같은 것이다. 누군가 주는 밥이 아니라 스스로 밥을 해결해야 하는 정글의 세계에 있으면서 야성을 잃어버린 사자가 되어버리면 조만간 굶주리게 된다. 나만 굶주리는 것은 상관없지만 나와 함께하는 가족이 굶주린다면 그보다 더 통탄할 일이 또 어디 있으랴. 그러기에 사자의 야성을 영업인은 늘 몸에 지녀야 한다.

사냥에 익숙한 숙련된 사자도 눈앞에서 먹잇감을 놓칠 때가 있다. 사자에게는 한 끼 식사이지만 자신의 목숨이 위태로운 상황에서 걸음아 날 살려라, 죽기 살기로 내달리는 먹잇감이 반드시 존재하기 때문이다. 그러한 순간에도 사자는 실망하지 않고, 자신을 질책하지도 자학하지도 않는다. 그럴 수도 있다는 듯 묵묵히 또 다른 사냥감을 찾아 나서는 것이다. 우리는 사자의 태도를 배워야 한다. 영업의 신이 있다 한들, 만나는 사람마다 100% 내 고객으로 만들 수 없다. 나를 선택하지 않는 고객이 반드시 존재한다. 그것도 많이.

직원 중에 한 명이 고객에게 전화를 걸기 위해서 여러 명함을 책상에 올려놓은 것을 보았다. 슬쩍 지나가는데 내가 미팅을 했던 회사의 담당자 명함이 있었다. 여러 곳에서 제안받는 것을 좋아하는 담당자도 많기에 그러려니 했다. 며칠 지나서 보니 매출 목록에 그 업체가 올라와 있는 것이다. 나의 매출이 아닌 직원의 매출로 말이다. 현장에서는 대표가 아닌 영업 사원이라는 타이틀이 붙을 뿐인데, 같은 영업 사원으로서 직원에게 내가 밀린 것이다.

'아, 이건 뭐지…. 여러 면으로 볼 때 내가 우위에 있는데 왜 내가 아닌 우리 직원을 택했을까? 내가 무슨 실수를 했나?'

잠깐 마음이 쓰였지만 또 한 가지를 깨달았다.

'모든 사람이 다 내 고객이 될 수 없다.'

그렇다. 정글의 최고 포식자 사자도 그 날카로운 이빨이 무색한 순간이 있는데, 내가 뭐라고…. 당연하다. 툴툴 털고 일어나 또다시 시작하면 된다.

자신의 능력을 의심하고, 자신을 불신하면 굉장히 위험한 시기가 온 것이다. 그 시간이 길어지면 세상에서 가장 슬픈 단어를 선택하는 순간이 올 수도 있다. 그 슬픈 단어란 '포기'이다.

먹잇감을 놓쳤다고 허탈해하며 자기 능력을 의심하거나 자책하지 않고 또다시 사냥을 나서는 사자처럼, 무덤덤하게 현장으로 나아가야 한다. 내가 놓치면 누군가는 잡고, 누군가 놓치면 또 내가 잡는 곳이 정글이다. 정글에 살면 정글의 생리를 이해해야 한다.

그 생리를 이해하지 못하고, 사무실 의자에 엉덩이 붙이고 앉아 있는 것은 마치 정글에서 살면서 점심때가 되면 마음씨 좋은 사육사가 나타나 "이거 되게 신선하고 맛있는 거야, 자 먹어" 하고 잘 바른 닭고기를 던져주기를 바라는 사자와 같다. 정글에는 마음씨 좋은 사육사가 없다.

그러니 지금 당장 나서라. 어제 사냥감을 놓쳤어도 자신에 대한 의심은 던져버려라. 정글이란 곳이 원래 그런 곳이다.

"야생에 살려면 야성을 절대 잃지 마라."

당신은 영업 체질입니까

관리직에 오래 몸담은 사람이 있었다. 나이가 들면서 자신이 설 자리가 점점 줄어든다는 것을 깨닫고 인생에 뭔가 새로운 대책이 필요하다고 생각했던 모양이다. 영업을 해보려는데 해보지 않은 일에 대한 두려움, 자신의 내성적 성격이 영업과 과연 맞을지 하는 의문, 선뜻 사표를 내고 영업의 길로 뛰어드는 데 대해 가장으로서 느끼는 부담 때문에 갈팡질팡하고 있었다. 그가 내게 조언을 부탁해서 이렇게 말해주었다.

"지금 하고 있는 일이 사무직이고 관리직인데, 그 일을 혹시 처음부터 잘하셨습니까?"

"아뇨, 처음에는 일이 무척 어려웠어요."

"그랬군요. 그럼 계속하다 보니까 잘하게 된 거 아닙니까?"

"그렇다고 봐야죠. 하다 보니 잘하게 된 거라고 봐야죠."

"영업도 마찬가지입니다. 처음 해보는 일이기에 부담을 갖는 것은 충분히 이해합니다. 더군다나 가장으로서 생계를 책임져야 하는데, 월급이 아닌 순전히 실적으로 수입이 결정되는 일이어서 부담이 가중되는 것도 사실입니다. 그런데 현실적으로나 장기적으로나 무엇이 현명한 선택이겠습니까? 영업 체질이 따로 있는 것은 아닙니다. 내성적인 성격도 걱정할 필요가 전혀 없습니다. 그 성격이 오히려 상대를 더 세심하게 배려해서 일을 잘할 확률이 높습니다."

그는 오랜 고민 끝에 사표를 던졌고 나와 함께 일을 시작했다. 모든 일이 그러하듯이 처음부터 잘했던 것은 아니다. 그러나 시간이 갈수록 점점 더 실력이 늘었고, 보란 듯이 홀로서기에 성공했다. 예상했던 대로 꼼꼼하고 세심한 성격이 영업 일에서 장점으로 승화되어 고객에게 큰 신뢰를 얻었다. 가끔 나와 술을 한잔할 때는 오래전 그 시절을 생각하며 나에게 고마움을 전하기도 했다.

결혼한 뒤 아내가 해주는 따뜻한 밥을 먹게 됐다. 퇴근 후 집에 오면 아내는 하루 종일 수고한 남편을 위해 이런저런 반찬을 정성껏 만들어 밥상을 차렸다. 아내도 결혼 전에는 사회생활 하느라 바빴고, 신부 수업을 받은 것도 아니어서 갑자기 전업주부가 되어 살림을 도맡는 것이 여간 힘들지 않았을 것이다.

그래도 어떻게든 남편에게 따뜻하고 든든한 밥상을 차려주고자 애쓴 흔적이 여기저기 많이 보여서 나도 기쁜 마음에 수저를 들고 밥을 먹는데, 내 입에 맞는 국이며 반찬이 솔직히 하나도 없었다. 애써 준비한 아내 앞에서 내색할 수도 없고, "맛 어때? 괜찮지?" 하는데 대답하기 난감했던 적이 한두 번이 아니다.

"음… 괜찮아."

대충 넘기며 밥을 먹기는 했지만 아내도 눈치가 있는지라 내가 맛없어하는 것을 알아챘다. 그래서 종종 외식하면서 겨우겨우 넘어가곤 했다. 그런데 어느 날 저녁밥을 먹는데 여러 가지 반찬 중에 입에 딱 맞는 반찬이 있어서 내가 큰 소리로 칭찬했다.

"이거 완전 내 입맛이구먼. 아주 좋아! 실력이 많이 늘었어."

그런데 아내 왈.

"다른 거는 다 내가 만들었고, 그것만 산 건데…."

밥상을 앞에 두고 둘이 얼마나 웃었던지 지금도 그때 생각하면 웃음이 나온다. 그런데 날이 갈수록 아내의 음식 솜씨가 일취월장했다. 지금은 대충 만들어도 맛있다. 집에서 만들기 까다로운 음식도 가끔 식탁에 올라오는 것을 보면서 무엇이든 계속하면 실력이 는다는 것을 다시 한 번 실감했다.

사람들이 영업도 체질에 맞아야 하는 거라는 말을 많이 한다. 영업하는 사람의 체질이 따로 있다는 것인데, 어떤 체질이 영업에 맞는 체질일까?

"저는 사람 만나는 것을 좋아하고, 다양한 사람들과 어울리는 것을 좋아합니다. 완전 영업 체질인 것 같아요. 그래서 영업을 해보려고 합니다."

"영업은 얼굴이 좀 두꺼워야 하잖아요. 저는 두껍지를 못해서 그런 거 못 해요."

"제가 제일 싫어하는 게 아쉬운 소리 하는 거예요. 영업하면 맨날 아쉬운 소리 해야 하잖아요. 그것도 체질에 맞는 사람이 하는 거지, 저는 죽어도 못합니다."

참고로 나는 사람을 좋아하기는 하지만 여기저기 돌아다니며 사람을 많이 만나지는 않는다. 그 대신에 한번 사귀면 깊게 사귀는 편이다. 엘리베이터에서 동네 주민을 만나거나 하면 괜히 쑥스러워서 인사를 하고 싶어도 못한 적이 많다. 남에게 뭔가 부탁하는 것도 해본 적이 별로 없다. 입이 도저히 떨어지지를 않는다. 별것 아닌 부탁도 솔직히 말하기가 너무 쑥스러워서 하지 못한 적이 무척 많다.

돈이 없어 밥을 못 먹는 형편일 때도 어디 가서 밥 한 끼 얻어먹은 적이 없고, 돈 빌리는 일은 생각도 하지 못했다. 공식적인 행사 자리에서 적극적으로 나서거나 리더 역할을 맡은 적도 없다. 아내는 이런 내 성향을 너무 잘 알기 때문에 항상 말한다.

"쭈뼛쭈뼛하지 말고 당당하게 먼저 가서 얘기 좀 하고 그래요. 왜 맨날 뒤에 숨으려고 하는 거예요. 도대체 일은 어떻게 하는지 알 수가 없네요."

한번은 이런 일도 있었다.

아내와 함께 처가가 있는 포항을 내려가는데 기차를 잘못 타고 말았다. 기차가 예정 시각보다 5분 먼저 왔거니 하고 별생각 없이 탔는데, 타고 보니 바로 뒤에 오는 기차를 탔어야 했다. 자리에 앉지도 못하고 화장실 앞 통로에서 아내와 어떻게 해야 할지 얘기를 나누는데, 하필 승무원이 다가왔다. 나는 '기차표를 보여 달라고 하면 어떻게 하나?' 하는 생각에 가슴이 콩닥콩닥 뛰고 나도 모르게 행동이 부자연스러웠는데 옆에 있던 아내가 내 상태를 눈치챘다. 답답한 눈빛으로 나를 보더니 승무원에게 솔직하게 사정 얘기를 했고, 승무원은 별일 아닌 듯 기차표에 체크해주고 어디쯤 가서 갈아타면 된다고 했다. 승무원이 지나가고 아내에게 한바탕 잔소리를 들어야 했지만 나는 정말 그런 일에도 당당하게 나서서 말하지 못하는 유형의 사람이다. 어떻게 이런 사람이 영업을 하는지 의아해할 수도 있겠지만, 그것은 영업을 오해하는 거라고 나는 생각한다.

영업은 말하기와 사람 만나기를 좋아하는 사람이 하는 일도 아니고, 얼굴이 두꺼워서 누가 뭐라고 하든 마구 들이대는 사람이 하는 일도 아니다. 남에게 아쉬운 소리를 밥 먹듯 해도 아무 거리낌이 없는 사람이 하는 일은 더더욱 아니다. 한마디로 영업 체질

이 따로 있는 것이 아니라는 뜻이다.

영업은 진실한 마음과 책임감이 있고, 정직한 사람이 하는 일이다. 열정이 있고, 찬란하게 빛나는 꿈과 목표를 가슴에 품은 사람이 하는 일이다. 굳이 체질을 따진다면 바로 이런 사람이 영업 체질이다. 나머지는 다 부수적이다.

영업의 프로세스

모든 일에는 진행되는 순서, 즉 프로세스가 있다.
영업에도 프로세스가 있는데, 아주 간단하다.

1. 만남
2. 제안
3. 결정

밥을 지으려면 쌀이 필요하다. 쌀을 씻어서 뜨거운 불에 올려야 죽이든 밥이든 지을 수 있다. 쌀이 있어야 밥을 지을 수 있듯 영업을 하려면 일단 누군가를 만나는 것이 첫 번째 순서이다. 쌀이 없으면 죽이나 밥을 아예 지을 수 없는 것처럼 지인이든 아니든 사람을 만나지 않으면 영업 일 자체가 진행되지 않는다.

두 번째 순서는 누군가를 만났으면 내가 그 사람을 만나러 온 이유를 분명히 밝혀야 한다. 그와 나의 시간의 교집합에 함께 있으면서 그 시간을 제대로 쓰지 않는 것은 서로에게 손해이다. 만남의 의미가 분명해야 하므로 회사나 상품, 서비스 등을 상대방에게 정확히 소개하고 제안해야 한다.

첫째, 만남을 가졌고 둘째, 제안을 했으면 내가 할 것은 다 했다. 누군가 물을 수 있다.

"세 번째는요?"

그건 내 몫이 아니라 고객의 몫이다. 내 몫이 아닌 것은 아닌 대로 남겨둬야 한다. 그것이 영업의 프로세스이다. 어찌 보면 너무 간단한 게 아닌가 싶지만 솔직히 이게 전부다.

"저는 사람을 만나면 영업을 잘할 자신은 있는데요, 만날 사람이 없습니다."

만날 사람이 없다면 영업을 못하는 것이다. 영업은 누군가를 만나는 것으로 시작되는데 그것을 못한다면 영업의 기본 의무를 상실한 것이나 다름없다. 영업은 사람과 사람이 만나는 일이다. '나'라는 사람, 회사, 상품, 서비스를 누군가에게 보여주어야 하고, 보여줄 줄 알아야 한다.

"저는 아는 사람이 없습니다."

아는 사람이 없다고 영업을 못하는 것이 아니다. 반대로 아는 사람이 많다고 영업을 잘하는 것은 더더욱 아니다. 잘하고 못하고의 차이는 아는 사람이 많고 적음이 아니라 누군가를 만날 수 있느냐 없느냐의 차이임을 알아야 한다.

밖을 바라보면 수많은 사람이 지나다닌다. 그 많은 사람이 내가 몸담고 있는 너무나도 좋은 회사, 상품, 서비스를 다 안다고 생각하는가? 아니다. 그 사람들은 모른다. 모르는 이유가 있다. 알려주는 사람이 없기 때문이다.

정말 좋은 신제품이 나왔다고 치자. 대기업에서 엄청난 돈을 쏟아부어 광고해도 알까 말까 한데 광고하지 않는 제품이 세상에는 더 많으니 모르는 것은 지극히 당연하다. 그래서 영업인이 사람들을 만나서 알려줘야 한다.

만날 사람이 없으면 어떻게 만날지 궁리해야 한다. 지인을 만나든지, 지인 소개를 받든지, TM을 하든지, DM을 보내든지, 이메일링을 하든지, SNS를 하든지, 직접 방문판매를 하든지. 어떤 방식이든지 간에 사람을 만나는 데 총력을 기울여야 한다. 절대 잊지 말아야 할 것은 사람을 만나지 못하면 아무것도 할 수 없다는 사실이다.

첫 번째가 어떤 식으로든 됐다면 이제 두 번째로 넘어간다. 귀한 시간을 쪼개어 사람을 만났고, 만나기 위해 많은 노력도 기울였다. 그러면 그 시간을 소중하게 생각하고 영업인인 내가 당신을 왜 만나고자 했는지 상대방이 알 수 있도록 정확히 알려야 한다.

만남의 확실한 목적이 전달돼야 하는 자리에서 어물쩍거리거나 눈을 마주치지 못하거나 똥 마려운 강아지처럼 안절부절못하면 그건 문제이다. 그 자리를 만들려고 그동안 들인 수고를 물거품이 되게 하면 절대 안 된다.

그 수고가 헛되지 않으려면 정확하게 두 눈을 마주치고 나의 회사가 얼마나 좋은지, 상품이 얼마나 우수한지, 서비스가 얼마나 잘돼 있는지를 정확하게 제안해야 한다.

니즈가 있는 사람 한 명을 만나고자 아침부터 저녁 늦게까지 땀을 뻘뻘 흘리며 낯선 사무실 문을 열었다 닫았다 했는데, 그렇게 찾던 그 사람이 눈앞에 있을 때 확실한 제안을 하지 못한다면 그보다 더 원통한 일이 어디에 있겠는가?

"그 사람을 바로 몇 미터 앞에다 두고~~~"라는 노랫말처럼 애통한 일을 만들면 안 되는 것이다. 내 메시지가 정확히 전달되어 고객이 '이해'하도록 최선을 다해 제안해야 한다.

고객이 자리를 뜨면서 "네, 무슨 말씀인지 정확히 알겠습니다"라고 말해야 하는데, 한참을 얘기했는데도 "근데 도대체 무슨 말씀을 하시는 건지 알 수가 없네요" 해버리면 그 자리에 오기까지 해온 모든 노력이 한순간 물거품이 된다. 철저하게 준비해서 임팩트 있게 전달해야 두 번째 순서가 확실하게 마무리된 것이다.

첫 번째와 두 번째를 실행했다면 이제는 마음을 비우는 일만 남았다. 세 번째 차례인 결정은 순전히 고객의 몫이기 때문이다.

그 몫을 영업인의 것으로 생각하면 그때부터 고통이 시작된다는 것을 알아야 한다. 영업하면서 스스로를 고통스럽게 만드는 우를 범해서는 안 된다.

세 번째는 영업인의 몫이 아니라 고객의 몫임을 인정하고 받아들이면 왜 첫 번째와 두 번째에 최선을 다해야 하는지 알게 된다. 그 두 순서를 확실히 해야 세 번째에서 Yes로 결정 날 확률이 높아진다.

이것이 영업의 프로세스이다. 프로세스가 이해됐다면 지금부터 첫 번째 공정을 시작하라!

칼은 사용하면 할수록 예리해진다

음식을 하려면 칼은 필수이다.

칼이 없으면 맛있는 음식을 만들기 어렵다. 반면 칼이 있어도 칼날이 무디면 있으나 마나 한 칼이다. 칼은 예리해야 제 역할을 다할 수 있다.

고객과 만나는 자리에서 내가 예리한 칼날처럼 빛나지 않으면 그 자리를 승리로 이끌기가 사실상 어렵다. 눈부실 정도로 예리하게 빛나야 고객에게 내가 전달하고 싶은 메시지를 강력하게 전달할 수 있다. 강력한 메시지를 전달해야 하는 자리에서 엉성하기 그지없는 이 빠진 칼을 내민다면 고객은 유유히 자리를 떠날 것이다.

그런데 걱정할 것 없다. 예리한 칼도 처음부터 그런 것은 아니었다. 반대로 지금 예리한 칼도 사용하지 않으면 금세 녹이 슬거나 무딘 칼이 되어버린다.

　장사가 잘되는 식당의 주방에 있는 칼을 보라. 매일 사용해서 예리하다 못해 반짝반짝 광택까지 난다. 칼을 만지는 주방장이 칼을 자주 쓰는 만큼 자주 갈기 때문이다. 이런 칼들은 쉴 새 없이 밀려드는 주문 음식을 분주하게 요리하게끔 도움을 준다. 날이 바짝 서 있기 때문에 무슨 음식 재료든 갖다 대고 힘을 조금만 가하면 척척 썰려 주방장 손에 힘이 덜 들어가고 아주 맛깔난 모양새를 갖춘다. 똑같은 칼이라도 자주 사용하는 칼의 날은 처음 샀을 때보다 훨씬 더 예리해지는 법이다.

　사람도 마찬가지이다. 처음에는 엉성하고 무딘 사람도 성실함으로 무장해 현장에서 계속 일하다 보면 점점 더 예리해진다. 그런 시간이 길어질수록 날카로움은 더해가고, 날이 바짝 선 상태에서 고객을 만나기 때문에 성공할 확률 또한 높아진다. 많이 사용하면 할수록 예리해지는 칼처럼 영업인도 고객과 만나는 현장의 자리가 많으면 많을수록 예리함의 강도는 더욱 높아진다. 예리한 칼을 가진 노련한 주방장처럼 고객의 요구나 질문을 막힘없이 척척 요리해서 그 해결책을 고객 앞에 내놓는다.

　칼질 한 번으로 두툼한 고기도 단번에 반 토막 내는 노련한 주방장의 칼처럼 내가 하는 모든 것이 예리한 칼처럼 빛날 때 고객도 알게 된다.

　'야, 이 사람 정말 프로구나.'

　고객 감동은 이런 것이다. 나의 상품을 구매하든 안 하든 고객으로 하여금 이런 마음을 갖게 하는 그 순간 내가 빛나고 현장이 빛난다. 무딘 칼을 예리하게 갈기 위해서는 자주 사용해야 하는 것처럼, '나'를 예리하게 갈려면 현장에서 고객과 보내는 시간이 많아야 한다. '나'라는 칼은 고객을 만날 때만 갈리기 때문이다.

　나도 '나'라는 칼이 무딜 때는 고객과 만나는 자리가 어색하고, 두렵고 무섭기까지 했다. 내가 모르는 것을 고객이 질문하면 어쩌나 걱정이 앞서고, 신중하게 준비한 나의 프레젠테이션 자료를 본 고객의 반응이 시큰둥하면 가슴이 철렁 내려앉기도 했다.

그런 상황을 몇 번 겪으면 사기가 떨어진다. 나 역시 현장에서 곤란한 상황을 많이 겪었다. 열심히 설명하고 있는데 반응이 없으면 '내가 뭘 잘못하고 있나?' 하는 생각이 들면서 등줄기에 땀이 쫙 흐르기도 했고, 좀 더 깊은 내용을 얘기하려고 하는데 "그 얘기 다 들었던 겁니다" 하면 순간 멘붕에 빠져 할 말을 잃기도 했다. 열정적으로 얘기하고 있는데, "저, 시간이 없어서 그만…" 하고 일어서는 고객 앞에서 얼굴이 빨개져서 몸 둘 바를 몰랐던 적도 있다.

그런데 다행스럽게도 나는 현장을 떠나지 않았다. 되든 안 되든 그 자리에서 어떻게든 해보려고 새로운 시도를 하다 보니 시간이 지날수록 조금씩 나아졌다. 처음에는 이가 나간 칼날 부위가 조금씩 메워졌고, 나중에는 무딘 칼이 얇아지더니 칼 전체가 예리해졌다. 고객과 만나는 자리 자체가 겁나던 시간이 지나가고, 고객을 빨리 만나고 싶은 마음이 들었다. 얼굴이 홍당무가 되어 아무 말도 못하고 쓸쓸히(?) 사무실을 빠져나오던 내가, 바쁘다고 일어서는 고객에게 "안 하셔도 됩니다. 그런데 고객님 회사에 분명 도움이 되는 거예요. 1분이면 됩니다. 다 끝났습니다. 잠시만 더 들어주세요"라고 당당하게 고객의 손을 잡는 사람으로 바뀌었다. 무딘 칼이라도 계속 사용하면 예리한 칼로 바뀌듯 사람도 충분히 바뀔 수 있음을 내가 증명한 셈이다. 처음부터 예리한 칼은 없다. 사용하면 할수록 예리해지는 것이다.

처음부터 최고의 실력을 갖춘 사람은 없다. 계속 하다 보면 실력이 있는 사람으로 바뀌는 것이다. 그러니 겁내고 주눅 들 필요가 전혀 없다.

지금 빛나는 칼도 처음에는 모두 무딘 칼이 아니었겠는가.

인생은 불공평할 수 있지만
영업은 공평하다

요즘 여기저기에서 수저 얘기를 많이 한다.

돈 많고 잘난 부모를 만나면 금수저이고 그에 버금가는 것이 은수저이며 그와 상반되는 것이 흙수저이다. 잘난 부모를 만나면 인생의 출발선에서 좀 더 쉽게 빨리 뛸 수 있는 것은 사실이다. 내가 부모를 선택해서 태어날 수 없는 일이기에 인생은 불공평하다고 생각할 수 있다.

그런데 인생은 불공평할지 몰라도 영업은 그렇지 않다. 영업에서는 내가 노력한 만큼만 결과가 나온다. 철저히 컴퓨터의 법칙이 적용된다. 1을 넣으면 1이 나오고, 10을 넣으면 10이 나온다. 간혹 1을 넣었는데 5, 10이 나오고, 10을 넣었는데 1, 0이 나올 수도 있다. 결과에 오차가 있을 수 있지만 시간이 지나면 스코어는 정상 궤도로 돌아오게끔 되어 있다. 영업을 잭팟으로 착각하고 1을 넣어놓고 10이 나오기를 바라는 사람이 있다면 얼마 가지 못해 영업 일을 포기할 것이다. 그런 것은 도박에서나 가능하지 영업에서는 절대 일어나지 않는 일이기 때문이다.

확률세일즈의 키포인트는 내가 사람을 만나는 횟수를 늘리는 데 있다. 자신이 다루는 상품을 제안하는 상대가 하루에 1명인 영업인도 있고, 5명인 영업인도 있고, 10명인 영업인도 있다. 한 달 근무 일수가 20일이라고 할 때 하루에 1명이라면 한 달에 20명에게 제안하는 셈이다. 하루에 5명이라면 한 달에 100명인 셈이다. 나는 하루에 20명에게 제안하므로 한 달이면 400명이라는 수치가 나온다. 20, 100, 400 가운데 니즈가 있는 고객을 만날 확률이 높은 수치는 어느 것이라고 생각하는가?

답은 이미 알 것이다. 가장 높은 수치인 400이다. 물론 20명 가운데 니즈가 있는 사람이 10명이고, 400명 가운데 5명일 수도 있다. 그러나 통계상 그럴 확률은 아주 낮다. 그래서 영업은 공평하다고 하는 것이다.

'왜 저 사람은 나보다 항상 실적이 높지?'

그건 그 사람이 운이 좋은 게 아니라 다른 영업인보다 더 열심히 움직이고, 더 많은 사람을 만나기 때문이다. 지금의 내 실적은 내가 노력한 것에 대한 결과다. 그 결과가 맘에 든다면 지금 하던 대로 하면 된다. 그렇지 않다면 노력이라는 입력값을 늘려야 한다. 나의 상품을 제안하는 대상, 즉 고객을 만나는 횟수를 늘려야 한다는 것이다. 하루 1명이었다면 5명, 10명으로 늘려라. 1명을 10명으로 늘렸다고 해서 곧바로 실적이 10배로 늘지는 않는다. 그렇다고 실망할 필요는 없다. 시간과 수치가 축적되고 있다는 사실을 잊지 말아야 한다. 그 축적이 언제 어떻게 실적이라는 결과를 낼지는 아무도 모른다. 확실한 것은 노력한 만큼 결과가 나오는 게 영업이라는 사실이다.

J 팀장은 H화재에서 인정받는 유능한 영업인이다. 어느 날 내 강연에 참석했는데 강연이 끝난 후 한 사람씩 돌아가며 소감을 발표하는 자리에서 J 팀장이 이렇게 말했다.

"몇 달 전에 대표님이 쓴 책을 보았습니다. 책에서 확률에 대한 내용을 읽을 때마다 얼마나 가슴에 와 닿았는지 모릅니다. 사실 제가 보험 영업 초기에 하루에 전단지를 200장씩 돌렸거든요. 200장씩 돌려보니까 고객이 한 명 생기더라고요. 그러니까 고객을 두 명 만들려면 400장씩 돌리면 되겠다는 계산이 나왔습니다. 그때 영업은 확률게임이라는 사실을 깨달았습니다."

매일 200장씩 전단지를 뿌리는 것은 누구나 할 수 있는 일이다. 그러나 그것조차 하는 사람이 거의 없기 때문에 유능한 사람이 적은 것이다. 유능과 무능을 가르는 기준은 능력이 아니다.

"자본 없이 할 수 있는 일을 찾다가 영업을 시작했습니다. 간판 영업을 몇 년 했는데, 후배들이 어떻게 해야 영업을 잘할 수 있냐고 물으면 제가 꼭 하는 얘기가 있었어요. 영업은 무조건 많이 다니면 된다는 거였습니다. 저는 영업 초기에 하루 50군데를 꼭 갔고, 그렇게 가니까 50곳 중에 1곳에서는 고객이 생겼습니다. 그래서 돈도 제법 벌었는데, 오늘은 초심으로 돌아가고자 강의를 들으러 왔어요. 오기를 정말 잘한 것 같습니다."

로드숍을 상대로 간판 영업을 하는 ○○○ 씨가 강연이 끝난 후 한 말이다. 간판 영업을 하는 사람은 많지만 하루에 50군데 이상을 방문하는 사람은 아마 거의 없을 것이다. 50군데를 들러 고객이 한 명 생긴다면 100군데를 들르면 두 명 생긴다는 얘기가 된다.

숫자는 거짓말을 하지 않고, 노력은 나를 배신하지 않는다. 하루하루 내가 흘린 땀방울을 다른 사람은 모를지라도 현장은 기억한다. 고객 한 명이라도 더 만나기 위해 딱딱한 시멘트 바닥을 부리나케 밟고 지나가는 나의 뒷모습을 현장만은 알고 있다.

사실은 숨긴다고 숨겨지는 게 아니다. 정직한 과정은 정직한 결과와 실적을 부른다. 그러기에 영업은 무엇보다 공평한 직업이다.

'나는 일을 막 시작했는데 누군가는 이미 하고 있으니 내 시장이 없는 것은 아닐까?'라고 우려할 필요가 전혀 없다. 먼저 시작한 그 사람이 노력을 별로 하지 않을 수도 있다. 막 시작한 내가

더 많은 고객을 찾아가는 노력을 한다면 언제 시작하는지는 의미가 없음을 알게 될 것이다.

영업은 농사를 짓는 것과 같다. 오늘 흘린 땀방울로 당장 수확을 하지는 않는다. 그러나 내가 땀 흘리기를 멈추지 않는다면 땅은 안다. 풍성한 열매와 곡식을 가져다주는 것은 땅이다. 땅이 내 노력을 알면 되는 것이다.

현장도 땀의 주인을 기억한다. 실적을 가져다주는 땅이 현장이기 때문에 현장이 알면 그걸로 된 것이다. 현장이 나를 기억할 때까지 땀을 계속 흘려라. 영업만큼 공평한 일이 없음을 조만간 알게 될 것이다.

영업은 잭팟이 아니다.

"조금만 더 하면 됩니다." 이건 거짓말이다

K 보험사의 초대를 받아서 강연을 했을 때 일이다. 강의를 끝마치고 나오는데 한 분이 오늘 강의 너무 잘 들었다면서 명함을 내밀었다. "만나 봬서 반갑습니다" 하고 명함을 교환하고 헤어졌는데 나중에 전화가 왔다.

"정 대표님. ○○○입니다. 잠시 통화되시는지요?"

"네, 그럼요. 가능합니다. 말씀하세요."

그분은 이런저런 자신의 얘기를 솔직하게 털어놓았다. 영업을 하고 있지만 현재 실적이 좋지 못하고 그렇게 된 지가 제법 됐다고 했다. 그러면서 앞으로 어떻게 해야 좋을지 도무지 답을 모르던 차에 나의 강의를 들었고 하루 20군데씩 매일 다녔다는 내 얘기가 본인에게는 전혀 다른 나라 얘기처럼 들렸다고 하면서 솔직한 조언을 부탁했다. 나는 우선 이런저런 질문을 해보았다.

"혹시 하루에 몇 명을 만나십니까?"

"예전에는 많이 만나면 하루에 두세 명도 만나고 그랬는데, 솔직히 요즘은 거의 안 만납니다. 수입도 많이 줄고 그러다 보니 열정도 식고, 자꾸 악순환이 반복되는 것 같습니다."

그분의 심리적 상태와 영업 현장이 눈에 선하게 들어왔다. 얘기를 다 듣고 난 후 나는 솔직하게 답변해줬다.

"저보다 더 잘 아시겠지만 그렇게 해서는 지금과 다르게 결과를 바꿀 수는 없습니다. 안 하실 거면 몰라도 기왕 하실 거면 잘하는 게 좋은 거 아닙니까? 패턴을 당장 바꾸셔야 합니다. 하루에 무조건 세 명은 만나세요. 목표는 세 명을 만나서 보험을 권유하는 게 아니라 세 명을 그저 만나는 겁니다. 되든 안 되든 무조건 세 명씩 만나서 내가 이러이러한 일을 하고 있다는 것을 정확하게 인지시키세요. 매일매일 현장으로 나가는 겁니다. 결과는 신경 쓰지 마시고 꾸준히 계속하세요. 오늘 목표는 그저 세 명을 만나는 것으로 하시면 됩니다. 저는 무조건 20군데를 갔습니다. 시간에 따라 다 채우기도 하고, 훨씬 더 많이 채우기도 하고, 못 채우기도 했지만 하루도 쉬지 않고 그 일을 반복했습니다. 중요한 것은 지금보다 조금 더 하는 게 아니라 훨씬 더 많이 하셔야 한다는 점입니다. 그것을 지속할 수 있다면 일은 분명히 잘될 겁니다."

그는 내가 한 번 본 사람이다. 그저 스쳐 지나가는 인연일 수도 있다. 그러나 나는 조금만 더 하면 잘될 거라는 입에 발린 말을 하고 싶지는 않았다. 그것이 그를 진심으로 위로하는 말이 아님을 잘 알기 때문이다. "조금만 더 하면 된다"는 말은 90%까지 한 사람한테나 어울린다. 그런 사람은 정말 조금만 더 하면 100%를 이룰 수 있기 때문에 그 말이 적절하지만 10, 20% 하고 있는 사람에게는 맞지 않는다. 맞지도 않는 말을 하면서 사람 좋은 척하는 것은 오히려 그 사람에게 더한 상처를 줄 수 있다고 생각한다. 내 말을 믿고 정말 조금 더 했는데 결과가 나아지지 않는다면 나에게 강한 배신감을 느낄 것이다. 그에게 가장 필요한 것은 자신이 처한 현실을 정확히 직시하고, 지금보다 훨씬 더 열심히 해야 현실을 바꿀 수 있다는 것을 자각하는 일이다.

자신의 노력과 열정이 어디쯤에 이르렀는지 먼저 알아야 하는데 대부분의 사람은 그것을 잘 모른다. 나도 잘 몰랐다. 누군가 정확히 얘기해주면 좋으련만 그럴 사람도 별로 없다. 그러니 현실 파악이 안 되고 기존과 같은 방법으로만 계속하니, 전과 동일하게 안 좋은 결과만 계속 낳을 뿐이다. 냉정하게 말해 그는 현재보다 10배는 더 해야 한다.

나는 매일 20군데를 방문했고, 한 달에 약 400군데를 방문했다. 그런데 1년이 다 되도록 400군데를 방문하지 않는 사람도 많다. 내가 특별한 능력이 있어서 다른 사람들보다 10배 이상 많은 곳을 방문했던 것이 아니다. 다 사람이 하는 일이다. 노력과 의지의 차이이지 능력의 차이가 아니라는 말이다.

　누군가 했다면 나도 할 수 있는 것이 사람이다. 모든 시간과 에너지를 집중해서 투자한다고 생각해보라. 지금의 10배가 아니라 그 이상도 할 수 있다.

　'좋은 말'을 들으면 기분은 참 좋다. 그러나 현 상황을 뒤바꿀 수 없다면 그건 '좋은 말'이 아니다. 지금은 아프더라도 따끔한 충고로 인해 현 상황을 완전히 뒤바꿀 수 있다면 충고는 기분 나쁜 말이 아니라 '좋은 말'이다.

　아주 오래전에 누군가 나에게 이런 말을 했다.

　"인생이 9단이라면 너는 지금 겨우 3급이다."

　그 말 다음에 이어진 가슴을 아프게 하는 말들에 나는 상처를 받았다. 그러나 그 사람 말이 틀리지는 않는 것 같았다. 정말 아팠지만 나는 그 말을 가슴으로 받아들였다. 그리고 내가 지금은 비록 3급일지라도 앞으로는 아니라는 것을 나 자신에게 확인시키기 위해 온 힘을 다해 일에 매진했다.

지금보다 조금 더 한다고 영업의 결과가 나아지지는 않는다. 조금 더 하는 것은 과거를 반복하는 일일 뿐이다. 10배는 더 하겠다고 다짐하고 뛰는 것이 현실적으로 맞다. 그렇게 해야 지금의 결과를 좋은 방향으로 뒤집을 수 있다.

10배를 할 수 있냐고 묻는다면 답은 이미 했다. 막상 해보면 두 가지에 놀랄 것이다.

첫째는 10배를 해내는 자신에게 놀랄 것이다.

둘째는 통장에 들어오는 돈을 보고 놀랄 것이다.(심장을 튼튼하게 단련해야 할 듯하다!)

해보지 않아서 모르는 것을 불가능하다고 예단하고 시도하지 않는 것은 자신에게 가하는 가장 심한 가혹 행위이다.

이제 가혹 행위는 그만하자.

현장에서 멀어지면 꿈에서 멀어진다

DID 마스터 송수용 대표님이 운영하는 'DID 모닝특강'에서 강의를 끝낸 후 문자를 받았다.

"강사님의 강의를 들으면서 함께 일하는 식구들 생각이 많이 났습니다. 그들에게도 제가 받은 이 열정과 감동을 드리고 싶어요. 혹시 시간이 언제 괜찮으실까요?"

그날 한솔교육 수원지사 여러 분이 강의를 들었는데 그중 김금희 팀장님이 내게 강연 의뢰를 한 것이다. 그게 인연이 되어 2015년 10월 2일 가을비가 억수같이 쏟아지는 날 한솔교육 수원지사를 처음으로 방문하게 됐다.

영업을 하면서 여러 조직을 거쳤고, 또 기업을 상대로 영업하면서 여러 조직을 보아왔다. 거의 대부분 남성으로 이뤄진 조직이 많았는데 한솔교육 수원지사는 100% 여성으로 구성된 영업 조직,

게다가 유아교육 분야라 그런지 사람들 눈빛과 표정에서 순수함이 절로 묻어났다.

나는 현장의 영업인도 회사 대표도 아닌 '확률세일즈마스터'라는 휴먼 브랜드의 세일즈 전문 강사로서 또 다른 현장의 무대에 섰다. 10년의 실패 속에서 얻은 진귀한 경험과 지혜, 그리고 왜 세일즈가 아닌 '확률세일즈'를 해야 하는지에 대한 명확한 답을 90분 동안 열정과 진정성을 다해 전달했다. 열렬한 환호를 받으며 강의를 마쳤는데, 다음 날 한 팀장님으로부터 장문의 문자가 왔다.

"정원옥 강사님, 안녕하세요. 저는 한솔교육 손현주 팀장입니다. 제가 가장 힘들 때 저의 동료분이 꼭 한번 강사님 책을 읽어보라고 추천해서 얼마나 힘을 주는 책이기에 저리 추천할까 하는 마음에 강사님의 책을 접하게 되었습니다. 많은 상처와 연달아 겪은 어려움으로 인해 오랫동안 좌절 속에서 살다 보니 꿈을 꾸는 것조차 사치 같았는데… 이젠 바꾸고 싶고 다시 용기를 가지게 되었습니다. 좋은 성과 내어 꼭 강사님께 인사드리겠습니다. 다시 한 번 감사드립니다. ^^*"

그 문자를 보고 강사라는 직업을 하나 더 가진 것에 대해 참 감사하다는 생각을 했는데 며칠 뒤 문자가 또 왔다.

"강사님 덕분에 3일 연속으로 계약이 나오고 있어요…^^* '전단지 50장 뿌리기와 여섯 집 고객 방문, 이것을 하지 않는 날에는 꼭 계약 성사하기'를 목표로 삼았는데 잘 지켜나가고 있는 것 같아요."

그러고 그달 말에는 이런 문자가 왔다.

"강사님 저 매출 1,400으로 마무리했습니다. 오늘 마감하는데 심장이 쫄깃해져서 터질 뻔했어요. ㅜ.ㅜ"

나도 덩달아 기분이 좋아서 축하 통화를 하는데, 3년 만에 처음으로 이루어낸 성과라고 했다. 침체된 3년 동안 본인은 얼마나 힘들었을까? 그런데 한 달 동안 현장에서 '확률세일즈'에 집중함으로써 그 침체기에서 벗어난 것이다.

수원지사를 총괄하는 이정희 이사님은 10월 매출이 전달 대비 2배 성장, 천만 원 이상 고매출 달성자가 5명이 배출되는 기염을 토했다며 무척 좋아했다.

나의 십수 년 현장 경험과 '확률세일즈' 방법을 그대로 전달했을 뿐인데, 그런 결과가 나왔음을 전해 들으니 강사로서 그보다 더 기쁜 소식이 없었다. 한솔교육 수원지사와는 지금도 좋은 관계를 이어가고 있다.

한번은 화장품 방문판매 회사인 M사의 초대를 받아 강연을 하게 됐다. 강연장에 들어서기 전부터 분위기가 열정적이었다. 사람들의 커리어도 상당히 높아 보였고 방문판매 조직으로서의 체계가 정확히 잡힌 것 같았다. 뜨거운 분위기 속에서 '확률세일즈'와 '개척영업'에 관한 나의 경험과 소신을 강력하게 전달했다. 그 후로도 여러 차례 만남을 가지면서 조직의 변화를 지켜봤다. M사의 조직은 여성들로만 구성됐는데 영업력이 뒷받침되다 보니 '확률 세일즈'의 본질을 재빨리 흡수하고, 바로 현장에 적용했다.

내가 20군데를 매일 방문했던 것처럼 화장품 샘플링을 매일 20명씩 하며 개척영업을 진행했고, 그것은 금세 조직의 새로운 문화로 자리 잡았다. 샘플링 작업이 매일 이루어지면서 신규 소비자가 늘자 더불어 조직 전체에 생동감이 넘쳐났고, 그에 따라 화장품 매출도 늘어났다.

"강사님, 샘플링 20개 하는 것은 기본이고요, 50개씩 하는 사람도 있습니다. 한 사람의 영향력이 이렇게까지 클 줄은 정말 몰랐습니다. 정말 감사합니다."

처음에는 낯선 곳을 방문하는 개척영업에 대한 두려움도 크고, 하루에 샘플링을 두세 개 하는 것도 어려워하던 사람들이 언제 그랬냐는 듯 여전사가 되어 영하 15도의 날씨에도 현장을 펄펄 날아다니는 모습을 보면서 도리어 내가 더 감동을 받았다.

신규 고객을 만나기 위해 날마다 현장에 나가고 20명에게 화장품 샘플을 전달하는 것이 당연해진 사람에게는 현장에서 새로운 근육이 만들어진다. 한 달에 400명, 1년이면 4,800명을 만나면 그 중에는 제품을 쓰는 소비자, 나와 함께 일할 사람이 있을 수밖에 없다.

어떤 분이 나에게 이런 말을 했다.

"강사님, 제가 일을 10년 정도 했는데요, 그동안 너무 안일하게 일했다는 생각이 참 많이 듭니다. 요즘 아주 신나게 일하고 있어요!"

"그래요, 축하드립니다. 본인이 생각하시기에 10년 동안 일하시면서 만난 고객 수가 많습니까? 아니면 근래 확률세일즈를 하면서 만난 고객 수가 많습니까?"

"부끄럽기는 한데요, 요즘이 더 많아요."

그분은 진짜 영업이 무엇인지를 깨달은 것이다. 가슴 깊이 깨닫게 되면 행동이 바뀐다. 그리고 바뀐 행동은 새로운 결과를 반드시 만들게 되어 있다.

강사가 되어, 10년의 실패 끝에 얻은 깨달음을 나와 같은 영업인들과 나눌 수 있다는 것은 고마운 일이다. 더 고마운 것은 강의를 통해 내 경험을 듣고 자신의 영업 현장에 그대로 적용해서 전과는 다른 결과를 만들어 내는 사람들의 연락이다.

"강사님 덕분에 이번 달에 최고 실적을 달성했습니다. 정말 감사합니다!"

돈은 그분이 버는데 왜 내가 기분이 좋은지는 모르겠지만, 아무튼 이런 연락을 받을 때는 밥을 안 먹어도 배가 부르고, 강사로서 매일 이런 연락을 받을 수 있다면 참 행복하겠다는 생각을 한다. 아직도 많은 사람이 세일즈는 알지만 '확률세일즈'는 모른다.

나의 목표는 '확률세일즈'라는 영업의 올바른 패턴과 방법을 영

업인들에게 알리는 것이다.

"강사님의 최고 명언이 뭔 줄 아세요?"
"글쎄요, 뭔데요?"
"현장에서 멀어지면 꿈에서 멀어진다는 말이에요. 이건 정말 진리인 것 같습니다."
그렇다.
인생의 현장, 영업의 현장, 강연의 현장에서 멀어지지 않기 위해 더 노력할 것이다.
'현장에서 멀어지면 꿈에서 멀어진다.'

현장이라는 무대
자가동력장치
행동이라는 불로초
폭풍을 이겨낸 명장
하나만 뚫으면 모든 문이 열린다
마른 수건에서 물이 나오게 하는 법
혁신이 별건가
사람의 진실은 말에 있지 않고 행동에 있다

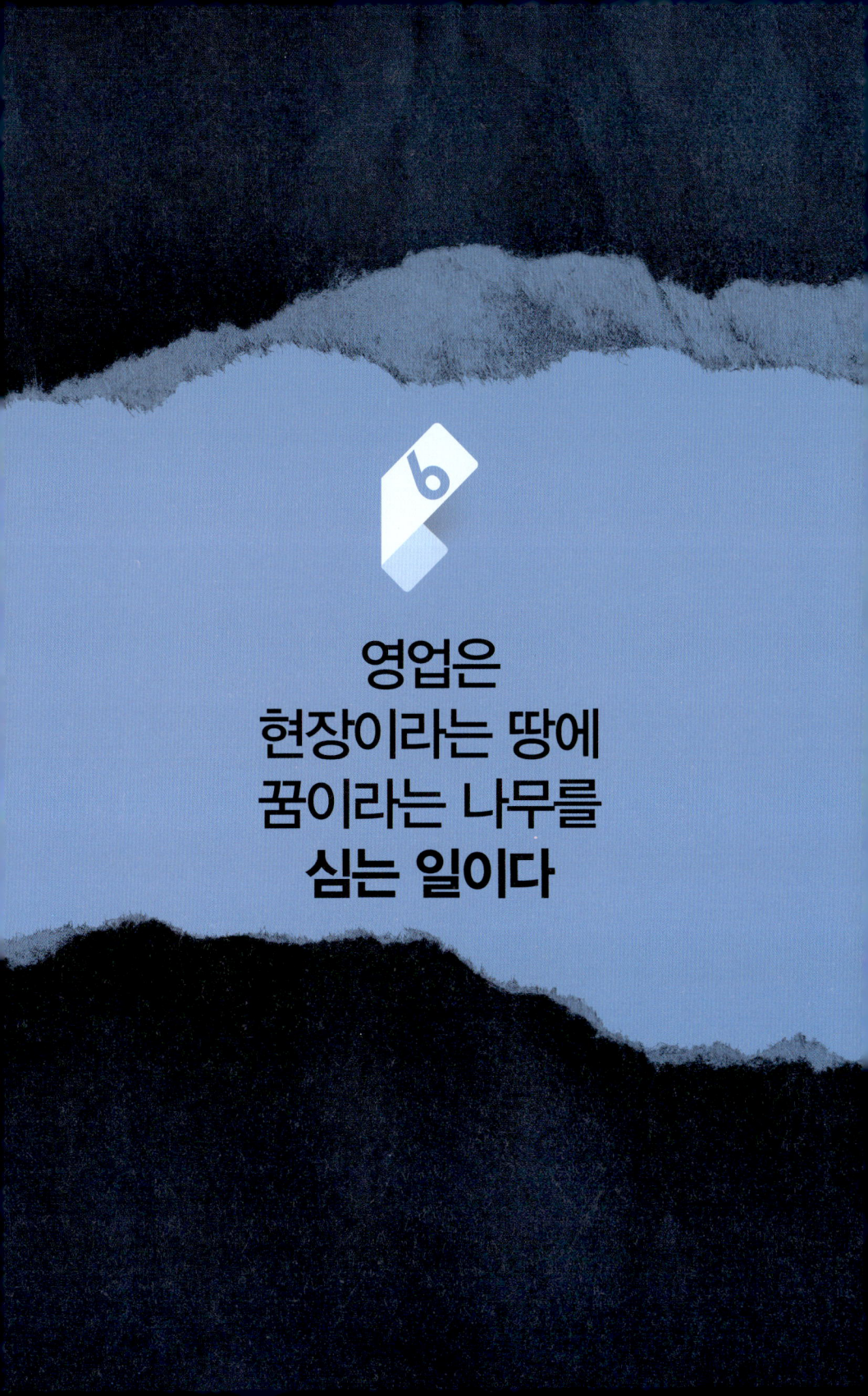

현장이라는 무대

　가수는 노래하는 직업을 가진 사람이다. 가수가 가장 빛나는 순간이 있다면 그건 바로 무대 위에 섰을 때일 것이다. 감동을 주는 뛰어난 가창력과 짙은 호소력을 지닌 가수일지라도 노래할 무대가 없고, 무대를 통해 자신을 알릴 수 없다면 말짱 도루묵이다. 가수에게 무대는 필수다.
　가수에게 노래하는 무대가 있듯이 영업하는 사람에게도 무대가 있다. 바로 '현장'이라는 무대이다. 가수가 무대 위에서 빛나듯 영업인은 현장이라는 무대에 섰을 때 빛이 난다.
　가수가 무대에서 노래를 하려면 수많은 스태프가 일사불란하게 움직여 무대를 꾸미고 음향 시스템을 점검하며 리허설도 꼼꼼히 체크한다. 그러나 우리 영업인에게는 그런 많은 스태프가 필요 없다. 기본적인 상품 지식과 회사의 프로세스를 이해했다면 무대에 바로 설 수 있다.

 현장이라는 무대에 선다는 것은 고객을 찾아간다는 의미이고 내가 다루는 상품의 장점을 고객에게 알린다는 의미이다. 그런데 오늘 현장이라는 무대에 서야 하는데도 현장 대신 사무실이나 집을 무대로 선택하는 사람이 있다. 사무실이나 집은 무대가 아니다.

 영업하는 사람에게 무대란 고객을 만나는 현장이다. 물론 사무실이나 집에서 고객을 만난다면 그곳은 무대가 될 수 있다. 그러나 고객은 대부분 그런 곳에 존재하지 않는다.

 현장이라는 무대에서 고객을 만나기 위해 나는 프레젠테이션을 오랜 시간 연습했다. 낯선 곳에서 낯선 사람을 만나 단 몇 초 만에 거절당하지 않고, 내가 원하는 것을 얻기 위해 현장의 무대를 상상하고 꾸미고 연습했다. 그리고 '오늘 여기'라는 나의 무대가 주어지면 연습한 것을 바로 시연했다. 짧고 간명하면서도 임팩트 있는 프레젠테이션을 하기까지 현장이라는 무대 위에서 많은 시간을 보냈다.

 추억이 서린 장소를 가면 오랜 세월에 묻힌 아련한 기억이 새록새록 솟아나듯 내게는 그런 현장이 참 많다.

 '아, 여기네. 저 건물에 들어갔다가 완전 문전박대 당했는데…. 저 건물 2층에서 만난 고객은 내가 소개한 제품을 지금도 잘 쓰고 있겠지? 4층 고객은 안 쓴다고 하더니만 몇 달 지나서 연락했었

지. 고객 마음은 참 알다가도 모를 일이야.'

차가운 시멘트로 지어진 건물이 즐비하다. 골목 여기저기 내가 다닌 흔적들이 기억이라는 창을 통해 내 눈에 들어오면, 현장이라는 무대 위에서 혼자 울고 웃던 아름다운 시절이 떠올라 걸음을 멈추곤 한다. 단 하루도 멈추지 않고 찾았던 그 무대 덕분에 나는 많은 것을 얻었고 또 볼 수 있게 됐다.

가수가 무대 위에 서는 것을 두려워한다면 과연 관객을 감동시킬 수 있을까? 라이브에 강한 가수에게 우리가 열광하는 것은 당당함과 자신감으로 무대 위에서 자신을 마음껏 뽐내고 무대를 놀이터 삼아 너무도 즐겁게 노는 모습에 덩달아 신나기 때문이 아닐까?

그렇다면 그 가수는 무대에 서는 게 처음부터 즐거웠을까? 그렇지 않았을 것이다. 무대가 주는 압박감에 잠 못 이룬 날도 있을 테고, 한 번의 공연을 위해 오랜 시간 연습하고 리허설을 했을 것이다. 한차례 공연을 마치면 또 다른 무대를 위해 그 과정을 반복했을 것이다. 그런 시간이 쌓여 지금은 관객에게 감동을 주는 라이브형 가수가 된 것이다.

영업인도 마찬가지이다. 고객과 만나는 현장이라는 무대가 처음에는 부담스럽고 무서울 수 있다. 나도 처음부터 그 무대가 신난 것은 아니다. 내 상품에 관한 지식이 얕은 데에다 낯선 곳의 문을 두드려야 하는 방문판매가 주는 압박감에 잠 못 이룬 날도 많앉다.

그러나 가수가 무대를 떠나면 가수가 아니고, 영업인이 현장을 떠나면 영업인이 아니듯 나는 내 현장의 무대를 떠나지 않았다. 되든 안 되든 계속 무대에 섰고 고객을 만나러 다녔다. 오라는 곳은 없었지만 내가 멈추지만 않으면 갈 곳은 많았기에 하염없이 발길 닿는 곳으로 나 자신을 재촉했다. 그렇게 시간을 보내고 나니 언제부터인가 현장이라는 무대가 편안해지기 시작했다.

확률세일즈를 이해하고 실천하면서, 거절과 상처 받는 일이 줄었고 일의 효율을 높일 수 있는 방법도 무대 위에서 찾게 되었다.

"저의 꿈은 무대 위에서 노래하다 죽는 것입니다"라는 어느 노가수의 고백처럼 현장에서 죽기로 각오하고 뛰다 보니 나의 무대가 너무도 바빠지기 시작했다. 무대가 스피드해지면서 그동안 그토록 원했지만 멀리 있어 보이지도 않던 목표와 꿈이 큼지막한 모습으로 눈앞에 성큼 다가왔다. 그리고 하나씩 하나씩 만나게 됐다. 내가 한 것이라고는 현장이라는 무대를 떠나지 않고 매일같이 그 무대 위에서 울고 웃은 것뿐인데 그로 인해 얻은 것이 무척 많다.

지금 현장이라는 무대에 내가 서 있지 않다면 꿈을 만날 확률이 낮다. 지금 현장이라는 무대에 내가 서 있다면 꿈을 만날 확률이 높다.

영업에서 진정한 승부는 현장이라는 무대에서 판가름 난다. 무대가 없으면 내가 무대를 만들면 되고, 판이 없으면 내가 판을 깔면 된다. 그렇게 현장이라는 무대에서 놀다 보면 나만의 아름다운 역사가 만들어진다. 나만의 역사를 가진 스토리텔러가 되는 첫 번째 순서는 현장이라는 무대에 스스로 서는 것이다.

무대를 겁내지 마라. 겁날수록 더 무대에 서라. 영업은 이론으로 하는 일이 아니며 인생도 이론으로 사는 게 아니다. 무대 위에서 철저히 부딪칠 때 지식이 아닌 지혜가 쌓이고, 그 지혜가 내 속에 충만할 때 정상에 설 수 있다.

　영업으로 빛나고 싶다면 현장이라는 무대에서 놀고 먹어라.

　가수가 무대가 두렵다고 무대를 떠나면 열광하는 관객을 만날 수 없고, 영업인이 무대가 두렵다고 무대를 떠나면 추운 인생의 무대가 나를 반길 뿐이다. 시베리아보다 더 차가운 인생의 무대를 만나고 싶지 않다면 지금 당장 현장이라는 무대에 서라.

　그것도 바짝!

자가동력장치

사람 몸에는 병으로부터 스스로를 지킬 수 있는 힘이 있다. 바로 면역력이다. 이것이 없으면 아주 작은 세균에서조차 스스로를 지켜낼 수 없고 자그마한 병이 큰 병으로 번지는 것을 막을 수 없다. 면역력이 있기 때문에 웬만한 병으로부터는 건강을 지킬 수 있는 것이다.

영업이란 1인 기업가 형태로 하는 일이다. 모든 것을 스스로 판단하고, 선택하고, 처리하고, 마무리해야 한다. 시스템이 있고 팀이 있긴 하지만 최종 결정권자는 바로 나 자신이다.

자신이 스스로를 이끌고, 자신이 리더가 될 때 수입도 따라온다. 기업은 조직이 구성되어 있기 때문에 내 자리가 공석이 되어도 운영에 문제없을 수 있지만, 1인 기업가는 나 자신이 기업이고 주체이기 때문에 내가 무너지면 모든 것이 무너진다.

그렇다면 1인 기업가가 기업처럼 지속적으로 성장하기 위해 가장 필요한 것은 무엇일까?

 '셀프 모티베이션', 즉 자기 동기부여이다. 나는 이것을 자가동력장치라고 부른다.

 영업에서는 스스로 동기부여를 완벽하게 하는 사람만이 살아남을 수 있다. 영업은 스스로를 일으켜 세우지 못하면 생존 자체가 불투명한 영역이다.

 성인이 되어서도 독립하지 못하고 부모에게 의존해 살아가는 사람들을 캥거루족이라고 하는데, 영업에서는 캥거루족이 있을 수 없다. 캥거루족은 혈연이라는 끊을 수 없는 끈에 의지해 존재하지만, 영업 세계에는 따뜻한 속살에 잠이 솔솔 오고 편하게 잠들 수 있는 캥거루 엄마의 배 주머니 같은 공간이 없기 때문이다.

 등불은 자그마한 바람에도 흔들리지만, 활활 타오르는 장작불은 바람이 거셀수록 더 강렬하게 타오른다. 우리 영업인은 스스로 장작불이 되어야만 살아남을 수 있는 곳에 존재하고 있다.

 심장이 뜨거워지는 너무나도 열정적인 강의를 들었다고 치자. 또는 머리카락이 쭈뼛 설 만큼 감동적인 책을 읽었다고 해보자. 그 감동이 과연 며칠이나 갈까? 며칠이라도 가면 다행이다. 하루, 이틀만 지나도 사라지기 일쑤다. 밤새 꾸기는 했는데 일어나면 기억이 잘 나지 않는 꿈처럼.

 가슴 뜨거워지는 강의를 듣는 순간, 심장이 터질 것 같은 책을 읽는 순간에는 나도 그 강사처럼 또는 책의 저자처럼 할 수 있을 것 같다.

'정말 내일부터는 저 사람이 얘기하는 것처럼 나도 한번 해보자!'

굳은 다짐을 해보지만, 하룻밤 자고 나면 강렬했던 감정은 뜨거운 햇살에 눈 녹듯이 온데간데없이 사라진다. 어제는 정말 나도 성공할 수 있을 것 같고, 돈도 많이 벌 수 있을 것 같았는데 하룻밤 사이에 아무것도 할 수 없는 무능한 인간으로 되돌아온 것이다.

도대체 왜 매번 같은 일이 반복되는 것일까?

무엇인가를 바꾸고 이루기 위해서는 '시간'이 꼭 필요하다. 이때 반드시 필요한 것이 동기부여이지만 그 시간이 짧으면 반전을 만들어 낼 수 없다.

동기부여의 핵심은 '길이'이다. 누군가 매일 나를 격려하고, 칭찬하고, 응원해줄 수 있는 사람이 있으면 좋으련만 그런 한가한 사람은 별로 없다. 그렇다면 답은 하나, 내 몸을 보호하는 면역력처럼 '셀프 모티베이션'을 하면 되는 것이다.

자신에게 보내는 뜨거운 격려만큼 강력한 동기부여는 세상에 없다. 이건 누구 도움이 필요 없기 때문에 언제 어디서나 할 수 있고, 길이가 짧더라도 스스로 할 수 있기 때문에 연장해나갈 수 있다. 결국에는 길이가 길어진다는 얘기다.

    내가 본격적으로 셀프 모티베이션을 하게 된 때는 2009년으로 거슬러 올라간다.

  '오늘도 치열한 나와의 사투를 벌여야 한다. 누구에게든 다 져도 나에게만은 더 이상 지지 않을 것이다. 반드시 나와의 약속을 지켜내고 하루에 20군데를 꼭 가자. 나는 할 수 있다. 아니 해낼 수 있다! 아자 아자 아자~~'

  집을 나서기 전 거울에 비친 나를 바라보면서 굳은 결심을 하고, 차에 타면 신나는 음악을 들으면서 목에 핏대를 세워가며 "나는 할 수 있다"를 수없이 외쳤다. 문전박대를 당하고 거절을 당하고 나와서도 나는 속으로 외쳤다.

'이건 아무것도 아니야. 언젠가는 웃을 날이 있을 거야. 나는 할 수 있어. 아니, 꼭 해내고 말 거야. 이번에는 정말 반드시, 반드시 해내고 말겠어!'

그러고 또 다른 현장으로 이동했다. 누가 내 귀에 대고 속삭이지 않았지만, 강력한 자가동력장치에서 뿜어 나오는 응원의 환호성에 내 심장이 마구 뛰었다. 바람에 더 맹렬하게 타오르는 장작불처럼, 고객의 거절이 거듭될 때마다 내 심장은 더 힘차게 뛰었다.

셀프 모티베이션을 한 후부터는 삶에 대한 뜨거움이 생겼고, 사랑도 생겼다. 에너지 저하 현상에 풀이 죽는 시간도 사라졌다. 자가동력장치를 심장에 붙인 사람은 쉽게 지치지 않는다. 진정한 힘은 이 장치를 통해서 나온다는 것을 안다. 영업은 이 장치만 부착하면 얼마든지 해낼 수 있는 일이다. 이제 할 일은 심장 깊숙이 이 장치를 넣는 일이다.

그리고, 넣었다면 절대 빼지 마라!

행동이라는 불로초

좀 더 효과적인 영업 방법이 무엇인지 묻는 사람이 많다. 말하자면 영업 노하우가 궁금한 것이다.

"강의에서 확률세일즈에 관한 모든 것을 공개해주시는 건가요?"

"네, 그렇습니다."

"방법적인 것도 다 알려주시나요?"

"네, 그럼요. 그런데 혹시 방법을 몰라서 못 하는 걸까요, 아는데도 안 하는 걸까요?"

"듣고 보니 안 하고 있는 것 같은데요…."

"맞습니다. 방법이 중요한 것이 아니고 행동이 중요한 거예요. 제 강의 초점은 바로 행동입니다. 그것도 지금 당장이오!"

사실이다. 내가 강의를 통해서 전달하고 싶은 메시지는 오직 하나!

"행동만이 살길이다."

영업에 있어 방법 중의 방법은 오직 하나, '행동'이다. 결과를 만들어 내는 데 이것 외에 다른 방법은 존재하지 않는다. 행동이 최고의 방법임에도 뭔가 새로운 묘약을 찾기 위해서 유리방황하는 사람들이 있다.

진시황은 영원히 살기 위해 신비의 약초 '불로초'를 찾아 헤맸고, 나는 불로장생의 불로초가 아닌 고객을 단번에 사로잡아 단시간에 높은 실적을 낼 수 있는 영업의 불로초를 찾아 헤맸다. 그리고 진시황은 끝내 불로초를 찾지 못하고 역사의 뒤안길로 사라졌지만 나는 하나를 찾아냈다.

그건 '하루 20군데 방문'이라는 행동의 불로초였다. 만약 진시황이 불로초를 발견했다면 단번에 먹었을 것이다. 나 역시 오랜 방황 끝에 어렵사리 찾은 '행동'이라는 불로초를 단번에 먹었다.

굳게 닫힌 낯선 문을 열고 들어서면 손님인 줄 알고 처음에는 반갑게 맞이하다가 나를 소개하고 찾아온 목적을 설명하면 좀 전의 환한 미소는 싸늘한 눈빛으로 바뀐다. 내 말이 채 끝나기도 전에 듣게 되는 짧은 한마디.

"안 써요."

쓸쓸히 사무실을 나오곤 했지만 행동의 불로초를 먹는 일은 언제나 게을리하지 않았다. 영업은 내가 다루는 상품의 우수성이 고객에게 전달되어 Yes든 No든 무엇인가 결정되는 일이고, 내용을

전달하고 과정을 진행하는 것이 내가 해야 하는 일이다. 그런데 이런 활동을 하지 않으면서 머릿속으로 '더 좋은 방법이 없을까?' 생각만 한다면 결국 두 가지만 남는다.

'초라한 실적과 가난'

누군가를 만나서 내가 가진 것을 말하는 것이 영업이다. 이 행동 외에 결과를 만들어 낼 수 있는 것이 과연 있을까? 지식이 조금 부족하더라도 고객을 만나 상품에 관해 이야기하는 사람과 지식은 풍부한데 고객을 만나 이야기하지 않는 사람 가운데 누가 더 실적이 높을 거라고 생각하는가? 답은 이미 나와 있다. 지금 내게 필요한 것은 바로 이 '행동이라는 불로초'이다.

최고의 결과를 만들어 낼 수 있는 불로초를 발견하고도 먹지 않는 것은 진시황이 그토록 찾아 헤매다 겨우 발견한 '불로장생의 불로초'를 먹지 않고 쓰레기통에 처박는 것과 다를 바가 없다. 먹지 않을 불로초를 찾을 이유는 없고, 찾은 불로초를 먹지 않을 이유도 없다.

영업은 '행동의 불로초'가 최선이다.

그 불로초란 고객을 만나서 어떤 식으로든 내가 가진 상품을 얘기하는 것이다. Yes 또는 No를 결정하는 것은 고객의 몫이다. 내가 해야 할 일은 고객이 어떤 결정을 내리든 그가 결정을 내릴 수 있는 '거리'를 제공하는 것이다. 무엇인가 있어야 결정을 내리지, 아무것도 없는데 결정할 고객은 세상 어디에도 없다.

그러니 이제부터 내가 할 일을 하면 된다. 그 일이란 고객을 만나 내가 가진 상품을 얘기하는 것이다. 그것도 아주 많이 만나서.

날마다 이 '행동의 불로초'를 먹어라. 음식은 먹을수록 살이 찌지만 '행동의 불로초'는 절대로 살로 가지 않는다. 그 대신 통장 잔고를 살찌울 것이다.

폭풍을 이겨낸 명장

어떤 사람이 대학 졸업식에서 축사를 하게 됐다. 야외에서 열린 졸업식이었다. 차례가 되어 연단에 오른 그가 준비해 온 연설문으로 축사를 시작하려는데, 갑자기 세찬 바람이 불더니 졸업식장이 순식간에 아수라장이 되었다. 안 되겠다 싶었는지 그는 딱 한마디로 축사를 마쳤는데, 많은 사람이 기립 박수를 쳤다. 그 한마디는….

"폭풍을 이기고 사십시오."

이 축사를 한 사람은 할리우드 최고의 감독 스티븐 스필버그다. 스필버그 감독의 이 말이 오랜 시간 내 가슴에 남아 있는데 그 의미를 조금 이해할 수 있어서이다. 나는 영업을 오래 했지만 현장에 부는 폭풍을 이겨낸 기억이 별로 없었다. 이겨내지 못하다 보니 늘 무능과 가난이 꼬리표처럼 나를 따라다녔다.

그런데 '확률세일즈'를 시작하고 현장의 거대한 비바람을 온몸으로 맞아내는, 흔히 말하는 산전수전, 공중전, 육탄전을 수행했다. 현장에서 거절과 냉대는 기본이다. "어서 오십시오. 기다렸습니다" 하는 사람은 없고, 비가 오는 궂은 날에 맘 편히 커피 한잔 마실 수 있는 곳도 거의 없었다. 그런 날이 며칠 지속되는 경우가 부지기수였다. 그런데 그런 경험이 이제는 아무렇지도 않다. 그러려니 하고 또 내 길을 가게 되면서 어느새 현장의 폭풍에 익숙해진 나를 발견했다.

'확률세일즈'는 집중적으로 폭풍을 받아내는 훈련이 가능한 방법이다. 10년 동안 경험하지 못한 폭풍을 나는 1년 만에 다 겪은 것 같다. 아침에 눈을 떠서 저녁에 잠드는 순간까지 폭풍의 중심에 늘 서 있었다. 익숙지 않은 일을 하다 보니 폭풍이 두려웠지만, 꼭 해내야 한다는 간절한 마음 하나로 하루하루 성실의 신발을 신고 도시 골목을 누볐다. 손에 있는 것은 다이어리와 명함뿐이었고 나를 도와줄 사람도, 내가 도움을 요청할 사람도 없었다.

그렇게 현장의 폭풍을 온몸으로 받아내기 시작했다. 두렵고 떨리는 마음이 한동안 지속됐다. 들어가야 한다는 것을 알면서도 낯선 사무실 문 앞에서 머뭇거리는 순간이 하루에도 몇 번씩 있었다.

'더 이상 물러설 곳이 없다. 더 이상 실패를 반복하고 싶지 않다. 사람답게 살고 싶다. 내가 일어나야 한다. 내가 일어나지 않으면 일어날 수 있는 사람은 아무도 없다. 여기서 반드시 일어나야 한다….'

나약한 사람이 현장의 거대한 폭풍우 앞에 무너질 수 있는 상황은 참 자주 연출됐다. 그러나 나는 멈추지 않았다. 더 이상 폭풍을 피하지 않았다. 상대가 주먹으로 나를 때리면 전에는 피했지만 언제부터인가 눈을 감는 한이 있더라도 그냥 맞았다. 아팠다. 많이 아팠다. 그러나 피해서 안 맞는 것보다 마음은 훨씬 편했다.

날마다 이어지는 폭풍을 단 하루도 피하지 않기 위해서 나는 아침마다 부지런히 눈을 떴다. 불러주는 곳, 반갑게 맞아주는 곳은 한 군데도 없지만 나는 폭풍 속으로 날마다 들어갔다.

붐비는 사람들 틈에서 재빨리 밥을 먹고 따뜻한 커피 한 잔을 들고 거리를 바라봤다. 지나다니는 사람들도 무척 추워 보였다. 겹겹이 옷을 껴입고 빙판길에 넘어지지 않으려고 조심조심 걸었다.

'날씨가 너무 추워서 그런가? 사람들 반응이 완전 냉랭하네. 하필 내가 들어갔을 때 사장이 직원을 혼낼 게 뭐람. 민망해서 혼났네…. 오후에는 힘내서 또 해보자. 설마 죽기야 하겠냐? 원옥아 파이팅하자!!!'

커피 한 잔으로 몸을 녹이고 오후 일정을 다시 시작하고, 나는 또 호된 폭풍과 맞닥뜨렸다. 날마다 정면 돌파로 승부수를 던지고 계속 전진했다.

하루 종일 추위에 덜덜 떨며 일하고 집에 들어오면 월세방이긴 해도 따뜻했다. 가스비가 아까워서 집에 돌아와서야 보일러를 틀곤 했었다. 그러나 열심히 일하고 아무도 없는 집에 혼자 들어왔을 때 느끼는 냉랭함이 싫어 언제부터인가 보일러를 틀어놓고 나갔다.

퇴근했다고 해서 일이 끝난 것은 아니었다. 그때부터 그날 받은 명함을 정리했다. 니즈가 있는 곳에 견적서를 보내는데 다행히도 견적서를 보낼 곳이 두 군데나 있다. 발가락이 얼고 하루 종일 찬바람을 맞은 얼굴이 풀리는지 뜨거워지지만 마음만은 참으로 뿌듯하기 그지없었다.

'오늘 하루'도 해낸 나 자신에게 박수를 보내며 대충 저녁을 먹고 책을 보다가 잠이 들었다. 폭풍은 꿈에서도 계속되지만, 나는 그 폭풍을 피하지 않고 꿈에서도 정면으로 돌파했다. 수십 년을 거센 비바람과 싸우며 고기를 낚는 어부는 더 이상 궂은 날씨를 겁내지 않는다. 오늘도 세찬 바람이 불지만, 두려워하지 않고 거대한 바다에 그물을 던지러 나간다.

폭풍을 겁내지 않는 사람이 명장이 된다.
인생에도 명장이 있고, 영업에도 명장이 있다. 현장에서 날마다 일어나는 폭풍을 정면으로 돌파하는 사람은 명장이 될 수 있다.

지금은 비록 서툴지라도 온몸으로 폭풍을 받아들이는 '오늘'이 하루하루 쌓여 서서히 명장으로 완성되어간다.

그러니 지금, 더 깊게 현장의 폭풍을 마주하라. 절대로 피하지 마라. 단 하루도 현장의 폭풍을 피하지 말고 정면 돌파하라.

그것을 이겨낼 때 인생의 명장이 될 수 있고, 영업의 명장이 될 수 있다. 현장의 폭풍을 피하면 인생의 후폭풍을 맞게 된다. 나는 오랜 시간 인생의 후폭풍을 맞았다. 그 후폭풍의 대가란 참혹하기 그지없었다. 그러나 비바람을 두려워하지 않고 오늘도 성실하게 바다를 향해 나아가는 어부처럼 현장 속에서 수없는 폭풍을 이겨 내고 나서야 인생의 후폭풍이 잠잠해졌다.

고요하고 깊은 인생의 바다를 원한다면 지금 현장의 폭풍을 만나야 한다. 폭풍이 명장을 만든다는 말이 확인되는 순간, 내 인생의 깊고 고요한 바다도 열릴 것이다.

하나만 뚫으면 모든 문이 열린다

사람 마음은 간사하기 그지없다. 새로운 일을 시작할 때는 반드시 뭔가를 이루고 말리라고 굳은 결심을 하지만 자신이 바라는 결과가 짧은 시간 내에 나오지 않으면 애초의 열정이 온데간데없이 사라지고 땅이 꺼질 듯한 한숨이 쏟아져 나온다.

'이 일이 나와 안 맞나? 그래, 그런 것 같아….'

그리고 다른 일을 찾아 떠난다. 과연 다른 일에서는 자신이 원하는 결과를 얻을 수 있을까? 그렇지 않다. 사실 이건 내 이야기이다. 사회생활을 하면서 나도 여러 번 직업을 바꾸었다. 그런데다 잘 안됐다. '뭔가 좀 더 좋은 게 내 인생에 있지 않을까?' 하는 잡생각에 한군데에 집중을 하지 못했던 것이다. 인생과 일의 맥은 어느 것 하나를 완전히 뚫어버리는 데 있다는 것을 당시에는 몰랐다.

군대를 제대하고 친한 친구와 지리산으로 겨울 산행을 떠났다. 등반 하루 전에 도착해서 민박집에서 하룻밤 자고 새벽 산행을 계획했는데, 물이 바뀌어서 그런지 배탈이 났다. 화장실을 들락날락하다가 겨우 잠이 들었는데, 새벽에 눈을 떠보니 친구가 밥을 차리고 있었다.

"오늘 아침은 든든히 먹어야 돼. 산이 험하거든."

머리가 아팠다. 속은 허한데도 밥이 넘어가지를 않았다. 문제는 산행이었다. 내 몸 상태로는 도저히 산행을 할 수 없을 것 같았는데 그렇다고 친구 혼자 가라고 할 수도 없는 노릇이었다. 어렵게 온 산인데 그냥 돌아가는 것은 아닌 듯싶어 굳은 결심을 하고 산을 오르기 시작했다.

탈진과 배고픔을 참아가며 올라가는데, 얼마 지나지 않아 내가 큰 실수를 했다는 것을 알았다. 발이 움직이지 않는 것이었다. 추위, 배고픔, 두려움이 엄습했다. 친구는 어서 오라고 손짓하는데 나는 올라갈 수가 없었다. 한두 걸음 가다가 쉬고, 가다가 쉬고 하다가 아예 자리에 털썩 주저앉아버렸다.

'아, 그냥 집에 갈걸. 도대체 왜 왔나… 여기서 얼어 죽는 거 아닌가?'

별의별 생각이 다 들었다.

눈이 많이 와서 길도 미끄러운 데에다 자칫하면 낭떠러지로 떨어질 수 있는 아찔한 상황이 자주 벌어졌다. 그대로 주저앉으면 정말 큰일이 나지 싶어. 앞서가는 친구의 손을 붙잡고 나무를 붙잡고 겨우겨우 한 걸음씩 뗐다. 그렇게 힘겹게 산행을 했다. 그런데 산중턱을 지나 안개가 자욱한 정상이 얼마 남지 않아 보이자, 그 전과는 다른 마음이 생겼다.

'그냥 되돌아가지 않고 힘들지만 오기를 잘한 것 같다.'

마침내 정상에 올랐다. 여러 팀이 벌써 도착해서 환한 미소를 띠며 사진을 찍거나 삼삼오오 모여 주먹밥을 먹고 있었다. 안개가 자욱한 그곳에서 나는 두 팔을 벌리고 깊은 심호흡을 했다.

상쾌함.

힘겹게 산에 오른 뒤에 느끼는 상쾌함은 말로 표현하지 못할 만큼 벅찬 감동을 준다. 더군다나 그날은 정말 너무 힘들었던 터라 그 감동이 이루 말할 수 없을 만큼 컸다. 우리는 먹을 것을 준비하지 못하고 산에 올랐는데 몸이 정상으로 돌아오려는지 빈속 배꼽시계가 요란하게 울렸다. 주먹밥을 맛있게 먹는 사람들을 쳐다보면서 '먹고 싶다'는 마음이 커서 포커페이스가 안 된 모양이다. 일행 중 한 명이 우리에게 주먹밥을 건넸다. 산에서는 모두 친구라는 말이 떠올랐다. 연신 고맙다는 인사를 하고 허겁지겁 허기를 달랬다. 그리고 힘차게 산을 내려왔다. 내려오면서 드는 생각 한 자락.

'역시, 오르기를 잘했어!'

　힘들지만 산에 올랐고 정상에 선 것처럼, 영업도 힘들지만 하나를 뚫어야 한다. 여기저기 돌아다녀 봤자 거기서 거기, 즉 결과는 별 볼 일이 없다. 이건 아이템의 문제가 아니고 정상에 다다르는 기술의 문제이기 때문이다.

　기술은 뚫릴 때까지 뚫는 데 있다. 그보다 더 좋은 기술은 없다. 현재 하는 일에서 막힘이 있을 때 뚫을 생각을 해야지, 쉽게 뚫리는 다른 일이 있을 거라는 생각은 몽상이다. 막상 가보면 그 나름의 애로 사항은 어디에든 있는 법이다. 그러니 지금 있는 자리, 지금 하고 있는 일, 그곳에서 결판을 내야 한다.

영업에서는 김삿갓이 되면 안 된다. 나그네(?)가 되어 여기저기 떠돌면 많은 것을 보고 배울 것 같지만 그 뒤에는 경제적 허기가 따른다. 김삿갓이 살던 시절에는 밥 한 주걱과 김치 한 조각이면 허기진 배를 채웠을지 모르지만 오늘날은 그때와 다르다.

막힘이 있어도 지금 있는 자리에서 뚫어야 한다. 이곳에서 뚫어야 모든 곳에서 뚫린다. 김삿갓이 되어 떠돌 때는 배가 고팠지만, 한 곳만 무식하게 뚫었을 때는 배고픔이 사라졌다. 누군가와 나눌 수 있는 무엇인가 생긴 것도 한 곳을 뚫고 나서부터였다.

가는 길에 철벽이 가로막고 있으면 용접열로 뚫어버리면 된다. 가는 길에 거대한 산이 가로막고 있으면 굴삭기로 뚫어버리면 된다. 굴삭기가 없으면 삽으로라도 퍼내면 된다.

문제는 다른 곳에 한눈을 파는 순간 일어난다. 어딘가 파라다이스가 있는 것 같지만, 가보면 그곳에도 철벽이 있고 산이 있다. 그러니 답은 지금 있는 내 자리, 지금 하고 있는 일에서 뚫어내는 것이다.

나는 김삿갓 생활을 한참 하고 나서야 이 지혜를 얻었다. 어느 길에나 철벽도 있고 거대한 산도 있다는 것을 알았을 때는 한눈팔지 않았고, 멈추지 않고 뚫기를 계속했다. 그렇게 해서 막힌 길을 뚫어버렸다.

신기한 것은 한 번 뚫고 나니까 막힌 모든 문이 열렸다.

그래서 든 생각 한 자락.

"역시, 뚫기를 잘했어."

마른 수건에서 물이 나오게 하는 법

"너는 꿈이 뭐니?"

"저요? 전 커서 구멍가게 사장님이 될 거예요!"

똘망똘망한 눈망울로 거침없이 꿈을 말하던 자그마한 아이. 바로 나다. 지금도 우리 누나는 내 어릴 적 꿈을 기억하고 있다. 먹고 싶은 게 너무도 많았던 어린 시절, 구멍가게 사장님이 세상에서 가장 위대해 보였다. 가게에 수북이 쌓여 있는 과자며 초콜릿 등을 얼마든지 먹을 수 있는 특권이 있는 사람은 바로 그 가게 주인이라고, 어린 나이에는 그리 알았던 것이다.

그래서 나는 구멍가게 사장님이 되고 싶었다. 먹고 싶은 걸 마음껏 먹기 위해서. 그 꿈은 아쉽게도 내가 커가면서 다른 꿈에 여러 차례 자리를 내주었다. 이것도 하고 싶고 저것도 하고 싶고, 왜 그렇게나 하고 싶은 게 많은지…. 어느 것 하나 뚜렷하지 못한

게 흠이라면 흠이랄까, 하고 싶은 건 참 많았다.

그런데 사회생활을 하면서 어린 시절에 꾸었던 많은 꿈이 하나씩 추억의 뒤안길로 사라져갔다. 먹고사는 문제에 매여서 잡을 새도 없이 쏜살같이 달아나는 그 꿈들을 쓸쓸히 지켜보곤 했는데, 다시 꿈을 찾은 것은 영업 세계에 발을 들여놓고부터다.

어느 강연 자리에서 내 강의가 끝나고 짧은 질의응답 시간이 있었다. 한 분이 내게 질문했다.

"어떻게 그 힘든 시간을 이겨낼 수 있었습니까?"

"… 꿈이 있었기 때문입니다. 꿈 때문에 포기할 수가 없었습니다."

사실이다. 꿈 때문에 내 인생을 포기할 수 없었다. 꿈 덕분에 배가 고파도 배가 불렀고, 때로는 꿈 때문에 너무도 가슴이 아파서 애통하게 울었다. 도대체 꿈이 무엇이길래 내 가슴을 순간순간 터질 듯하게도 하고, 미어지게도 하는가. 나는 이놈의 꿈 때문에 오랜 시간을 이러지도 저러지도 못한 상황에서 엄마를 잃어버린 아이처럼 어디로 가야 할지 몰라서 하염없이 엄마를 부르며 길바닥에 주저앉아 우는 아이가 되곤 했었다.

"소도 언덕이 있어야 비빈다"는 속담이 있다. 하물며 사람은 더할진대 비빌 언덕은커녕 조금만 발을 헛디디면 끝도 모르는 낭떠러지로 떨어질 판국이었으니 각박한 세상살이가 힘에 부친 날이 많았다.

내 꿈은 자유롭게 사는 것이다. 선택의 자유가 있는 삶이 내가 원하는 삶이다. 파란 하늘을 자유롭게 비행하는 한 마리 독수리처럼 유유히 내가 하고 싶은 것을 하면서 세상 이곳저곳을 떠돌고 싶다.

이처럼 내가 성공해야 하는 가장 강력한 이유는 '자유를 향한 갈망'이었다. 그런데 자유를 향한 갈망 때문에 가슴에 피멍이 드는 날이 많았다. 하는 것마다 되지 않고 주머니에 단돈 100원도 없을 때, 내 가슴의 피멍은 더욱 짙어졌다.

세상에서 가장 슬픈 얼굴은 피에로의 얼굴이다. 가슴이 아파서 울고 있지만 사람들 눈에는 웃고 있는 것처럼 보인다. 자신의 슬픔을 슬픔으로 표현하지 못하는 그 서글픈 피에로가 바로 나였다.

아무에게도 말하지 못하고 속으로 끙끙 앓으며 내일이란 시간에 희망을 걸어보지만 그 희망이 절망으로 바뀌는 데에는 몇 시간이 채 걸리지 않았다. 갈 곳도, 불러주는 사람도 없고 어두컴컴한 방구석에 혼자 우두커니 앉아 있는 나 자신이 그렇게 한없이 초라해 보일 수가 없었다.

현실은 나에게 이제 너의 현실을 받아들이라고 요구했지만 내 가슴에 품은 꿈은 납득할 수 없다며 자꾸 부인했다. 하고 싶은 것을 하면서 살겠다는 것이 욕심이 아닌데, 자꾸만 그건 욕심이라고 운명은 속삭였다.

마른 수건을 짜본 일이 있는가? 마른 수건은 아무리 짜도 물기가 없다. 그런데 운명은 야속하게도 내게 마른 수건을 내밀었다. 그 메마른 수건을 야윈 손목으로 비틀고 다시 비틀고 또다시 비틀었더니 물이 한 방울 똑 떨어졌다. 마른 수건에서 어찌 물이 나올 수 있단 말인가!

　그것은 물이 아니라 땀이었다. 어떻게든 물을 짜내고자 온 힘을 다해 비틀던 내 손에서 땀이 났고, 그 땀이 수건에 스며든 것이다. 운명이라는 시험대는 이렇게 우리를 시험한다.

　그러니 지금 손에 건네 쥔 메마른 수건 비틀기를 포기하지 말

아야 한다. 날은 춥고 나를 반기는 곳이 없을지라도 계속 가야 한다. 현장으로 계속 가야 한다.

수건을 계속 비틀어라. 손에 땀이 날 때까지 계속 비틀어라. 죽으라고 비틀다 보면 메마른 수건에서도 물이 나온다는 것을 알게 될 것이다.

꿈이란 땀이 물로 변할 때, 얻어지는 값진 선물이다.

혁신이 별건가

많은 기업에서 혁신하지 않으면 망한다는 말을 한다.

그러나 나는 기업이 아닌 나 자신이 먼저 이 말에 해당한다고 생각한다. 개인도 혁신하지 않으면 살아남기가 힘들기 때문이다.

혁신에 대해서 거창한 말을 많이 하지만 사실 이건 어려운 일이 아니다. '어제 했던 것을 오늘 하지 않고, 어제까지 안 하던 것을 오늘 새롭게 시작하는 것'이다.

어제 술을 진탕 먹었다면 오늘 먹지 않고 운동을 새롭게 시작하는 것.

어제까지 방이 지저분했다면, 오늘 방을 깨끗하게 치우고 정리하는 것.

이게 바로 혁신이다.

이건희 회장은 삼성을 혁신시켰다. 이건희 회장은 대단한 사람이었기 때문에 삼성이라는 거대한 조직 혁신에 성공했고 초일류 기업으로 변모시켰다. 그런데 만약 이건희 회장 같은 사람만이 혁신을 할 수 있다면 과연 지구상에 혁신을 할 사람이 몇이나 있겠는가? 상황과 환경은 다르지만 누구나 자신이 처한 환경에서 얼마든지 혁신을 할 수 있다고 본다.

오랫동안 방치한 지저분한 방을 오늘 깨끗하게 치웠다고 해보자. 내일이 다시 오늘이 됐을 때 오늘도 어제처럼 깨끗하게 방을 치운다. 그런 날이 하루하루 지속되어 깨끗한 방에서 생활하는 것이 일상이 되고 '예전에는 그 지저분한 방에서 어떻게 생활했지?' 하고 의아한 마음이 들 때 과거와는 다른 오늘을 맞이하고 혁신에 성공한 것이 된다.

지저분한 방을 깨끗하게 치우는 것이 대단한 일도 아니고 대단한 사람만이 할 수 있는 일은 더더욱 아니다. 그러나 그 사소한 혁신이 일상의 모든 것에 영향을 줄 수 있다는 것이 중요하다. 방을 깨끗이 치워본 경험을 자신의 모든 일에 대입해서 다른 것도 혁신할 수 있게 된다.

『일본전산 이야기』라는 책에 청소에 관한 얘기가 나온다. 수많은 기업을 인수·합병하면서 단 하나의 기업도 실패하지 않고 모두 성공시킨 일본전산 회장이 인수·합병 후 합병된 회사에 가서 하는 말은 단 두 가지뿐이라고 한다.

"첫째, 저는 여기 계신 모든 직원을 퇴사시키지 않겠습니다. 그러니 걱정하지 마십시오. 둘째, 지금부터 회사를 깨끗하게 청소합시다."

그리고 모든 직원이 자기 주위에서 시작해서 회사 곳곳을 정말 깨끗하게 청소하게 한다. 그런데 단지 주위를 청소하는 것만으로도 회사에 혁신이 시작되었고, 과거와는 다르게 성장하는 회사로 변화한 것이다. 그 혁신의 시작은 아주 사소한 '청소'였다. 이렇게 보면 혁신은 정말 별게 아니다. 거창하거나 나와는 상관없는 것이 아니다. 지금 당장이라도 누구나 자신을 혁신할 수 있다.

10년 동안 실패한 세일즈맨으로 살면서 지지리도 궁상맞은 인생을 바꾸기 위해 나도 '나의 혁신'을 시작했다. 그리고 혁신을 위한 행동 강령을 아주 단순하게 마련했다.

'하루 20군데를 방문하겠다'와 '단 하루도 쉬지 않는다'였다.

단순한 이 두 가지를 매일같이 실천하는 것으로 나는 인생의 혁신을 감행했다. 돈이 든다면 할 수 없었지만 의지만 있으면 할 수 있는 혁신이었다. 그 실천의 시간이 하루하루 쌓이면서 급기야 팽창하더니 폭발하기 시작했다. 단 1년의 시간 동안 어떻게 하면 영업인으로 성공할 수 있는지에 대한 답을 얻은 것이다.

1년의 시간으로 인해 남은 인생이 바뀔 수 있다면 어찌 보면 로또보다 더한 인생 반전이다. 아무것도 아닌 것 같은 그 혁신이 나를 바꾸었고, 그 결과로 나는 많은 것을 새롭게 얻었다. 그 시작은 '하루 20군데 방문'과 '단 하루도 쉬지 않는다'일 뿐이었다. 자신을 바꾸는 데 뭔가 거창하고 위대한 것이 필요하고 그것이 혁신이라고 믿고 있다면 다시 생각해봐야 한다.

일이 늦게 끝나고, 혹 일찍 끝나는 날이면 동료들과 회식하느라 귀가 시간이 늦어져 아이들의 잠자는 모습만 보고 산다면 오늘 당장 이유 있는 회식이 아니면 끊고 일찍 귀가해서 아이들과 함께 저녁 시간을 보내자. 처음에는 낯설겠지만 하루, 한 주, 한 달로 이어지면 아이들은 아빠가 달라졌음을 알게 될 것이다. 인생의 혁신은 이렇게 시작되는 것이다.

가족과 저녁 시간을 보내면서 인생을 사는 진정한 가치를 생각하게 되고, 왜 내가 열심히 일해야 하며, 왜 성공해야 하는지 분명한 답을 찾을 수도 있다. 혁신은 이렇게 간단하게 시작할 수 있지만 그 결과는 인생 자체를 바꿀 수 있다.

9시 정시에 출근했다면 내일부터 30분 일찍 출근해보자. 지저분한 책상을 깨끗이 치우고 하루 스케줄을 정확히 세워보자. 1년에 책 한 권 안 읽는 사람은 책을 한 달에 한 권 읽겠다고 선언하고 오늘 당장 서점에 가서 편하게 읽을 수 있는 책을 한 권 사서 출퇴근길에 스마트폰 붙잡고 있는 시간을 책을 읽는 시간으로 대체해보자. 그리고 한 달에 2권, 3권 등등으로 목표를 조금씩 높여보자. 사소해 보이기에 그게 무슨 혁신이라 할 만큼 대단한 가치가 있는가 싶겠지만 앞서 말했듯이 혁신에 대한 고정관념을 먼저 깨지 않으면 혁신할 수가 없다.

인생의 혁신은 대단한 사람들만의 전유물이 아니고, 어려운 것은 더더욱 아니다. 지금 당장 누구나 혁신할 수 있다.

사람의 진실은 말에 있지 않고 행동에 있다

"이번 달 매출 목표 2천만 원 반드시 달성하겠습니다. 파이팅!"

"이번 달 수입 500만 원 목표입니다. 반드시, 기필코 달성하고야 말겠습니다."

"이번 달 제가 목표 달성 못 하면 저를 찾지 마십시오. 전 정말 이루고야 말 겁니다. 뭔가 다른 것을 보여주고야 말 겁니다!"

매월 초가 되면 많은 회사에서 월례회를 진행한다. 영업 사원들이 한 명씩 차례로 나와서 자신의 한 달 목표를 기대에 찬 목소리로 힘차게 외치며 활기찬 한 달을 시작한다. 저마다 목에 핏대를 세워가며 외치는 그달의 목표가 이 순간만큼은 달성이 아니라 초과 달성된 듯한 장관이 연출된다.

문제는 이렇게 외쳐댄 사람들이 그달 목표를 향해 발 빠르게 움직이지 않는다는 사실을 며칠만 지나면 알게 된다는 것이다. 도대체 뭐가 진실일까? 목표를 무조건 달성하겠다고 말한 그 사람의 말일까, 아니면 사무실에 앉아 빈둥거리는 그 사람의 발일까?

예전에는 몰랐는데 지금은 알게 된 진실이 하나 있다.

'사람의 진실은 말에 있지 않고 행동에 있다.'

나는 영업하는 사람을 많이 보아왔다. 그들은 모두 꿈이 있고 목표가 있으며, 반드시 꿈과 목표를 이루겠다고 말하지만 그 말대로 행동하는 사람은 드물었다.

이런 말을 하는 나 자신도 사실은 오랜 시간 말로써 진실을 위장했던 사람이다. 이달에는 반드시 목표를 달성하겠다고, 달성하지 못하면 성을 갈겠다고 수없이 결심했다. 정말 성을 갈았으면 수도 없이 갈았을 것이다. 그러나 나는 성을 갈지도 않았고, 목표를 달성하지도 않았다.

어느 쪽이 나의 진실이었을까? 목표를 달성하고 싶은 마음이 진실이었을까? 아니면, 누군가에게 보이기 위해 그런 목표를 외쳤던 것일까?

꿈을 이루고 목표를 달성하는 일은 입이 하는 일이 아니라 발이 하는 일이다. 그래서 나는 사람의 말을 믿지 않는다. 그 대신 그 사람의 행동을 유심히 본다. 그러면 정말 그 사람의 진실이 보인다.

"저는 겸손한 사람입니다"라고 말하는데 행동은 교만하다면 그

사람의 진실은 '교만한 사람'이다. "열심히 하겠습니다" 하고 말하는데 열심히 하지 않는다면 그 사람의 진실은 '열심히 안 하겠다'는 것이다.

 말을 하지 않으면 사람의 의중을 파악하기가 어렵지만, 행동을 보면 그 의중이 정확히 파악된다. 그렇다면 과거의 나는 왜 매번 목표를 외치면서 늘 그 모양 그 꼴이었을까?

 답은 간단하다. 말은 하기 쉽고 행동은 하기 어렵기 때문이다. 그래서 가장 어려운 것 중 하나가 바로 '언행일치'이다. 나 역시 날마다 목표를 세우지만 날마다 실천하기가 무척이나 힘이 들었다.

　영하 10도를 웃도는 추운 날이 이어지는 겨울에는 바깥에서 조금만 걸어도 얼굴이 얼어붙어서 말이 제대로 나오지 않았다. 목표물로 삼은 건물에 얼른 들어가서 사무실을 방문하기 전에 입김으로 차디차게 언 손을 녹이고 두 손을 모아 입을 막고 얼굴을 조금 녹이고 나서 방문판매를 시작했다. 추운 날씨보다 더 매서운 거절이 수없이 이어지다가 가끔 운 좋게 만나는 착한 직원은 차디차게 언 내 얼굴이 안쓰러워 보였던지 따뜻한 차 한잔 마시고 가라고 커피를 타주곤 했다.
　"감사합니다. 잘 먹겠습니다" 하고, 사무실에 앉아 마시는 것이 눈치가 보여 복도로 나와 커피를 마시면서 얼어붙은 몸과 마음을 녹이고 다시 일을 시작했다.
　추운 것은 그나마 나은데 더 힘든 것은 무더위이다. 장마철의 습한 더위는 나를 더욱더 힘들게 했다. 가만히 있어도 땀이 주룩주룩 흐르는데 정장을 차려입고 일을 하다 보니 와이셔츠 깃이 땀으로 얼룩지고 숨이 턱까지 차오르는 데에다 불쾌지수 때문에 사무실에서 일하는 직원들도 신경이 잔뜩 곤두서 있는 경우가 많았다.
　그러다 정말 잘못 걸리는 날에는 된통 야단만 맞고 도망치듯 사무실을 나오기도 했었다. 사람의 진실을 지키기가 이리도 힘이 든다는 것을 뼈저리게 깨닫는 순간이 바로 그런 때이기도 했다.

그 당시 나에게 직장 상사가 있어, 일하는 나를 그 상사가 봤다면 '이 친구의 진실은 정말로 열심히 하겠다는 거구나. 반드시 자신의 꿈과 목표를 이루고야 말겠다는 거구나. 정말, 그렇구나'라고 느꼈을 것이다. 백날 말로만 한들 누가 나에게 실적을 가져다주지도, 고객을 모셔다주지도 않는다. 말로야 하룻밤에도 빌딩을 몇 채씩 지을 수 있지만, 그건 진실이 아니다.

정말로 진실이 있는 사람은 말과 동시에 행동하거나, 말을 하지 않고 행동을 먼저 할 뿐이다.

이달 목표를 외쳐대는 많은 사람 틈에서 진실을 말로 위장한 사람이 아닌 행동으로 증명하는 사람이 되어야 한다. 그리고 보란 듯이 진실을 증명할 때 자신의 꿈에 더 가까이 다가서는 것이다.

자신의 진실을 보이는 데 더 이상 시간을 늦추지 말자.

에필로그

　시대적인 경제 상황이 바뀌면서 자의 반 타의 반으로 '영업'의 세계에 발을 들여놓은 사람이 부쩍 많아지고 있습니다. 그중에는 어디서부터 어떻게 시작해야 할지 모르는 사람들 또한 많은 것 같습니다. 저 역시 오래전 영업을 시작하면서 누군가의 가르침 없이 무작정 시작했습니다. 그러다 보니 밑바닥부터 철저히 독학으로 모든 걸 배워야 했고, 배움의 시간 또한 길었습니다.

　독학의 장점은 스스로 모든 것을 경험하기 때문에 몸과 마음에 확실히 기억된다는 것입니다. 반면에 어느 정도의 수준에 이르기까지는 오랜 시간이 걸리는 아쉬움도 있습니다.

　영업에서 실패를 거듭하고 있을 때 만약 누군가 효율적인 영업 방법을 제게 알려주었다면 실패의 시간을 줄이고 성공의 시간을 훨씬 빨리 앞당길 수 있었을 텐데, 그러지 못했던 지난날이 늘 안

타까움으로 가슴 한편에 있었습니다.

그 오랜 안타까움에 '세일즈 실용서'를 쓰겠다는 마음을 먹었고, 이렇게 책으로 나오게 되었습니다. 제가 책을 통해서 가장 전하고 싶은 메시지는 '확률세일즈'에 관한 것입니다.

자동차나 사람들이 지나다니는 사거리에는 늘 상품이나 서비스를 홍보하는 현수막이 많이 걸려 있습니다. 산골짝이나 인적이 드문 외진 곳이 아닌 사람이 붐비는 곳에 걸어놓는 이유는 무엇일까요? 아무리 좋은 상품이나 서비스라도 홍보가 되지 않으면 사람들이 알 수 없고, 홍보가 되려면 사람이 많은 곳이어야 효과적이고, 또 한두 사람이 아닌 많은 사람이 보아야 그중에 관심 있는 고객이 있을 확률이 높아지기 때문이 아닐까요?

저는 이게 '확률세일즈'라고 생각합니다. 영업은 발품을 파는 만큼 수익이 따르는 일입니다. 시대가 바뀌어서 온라인을 이용한 마케팅도 많이 늘었지만 사람과 사람이 만나는 영업의 본질은 바뀌지 않습니다. 결국 계약은 만남을 통해서 하기 때문입니다.

가만히 앉아 기다리기만 해도 고객이 제 발로 찾아오고, 한두 명을 만나도 계약이 성사되던 시절이 있었지만 지금은 시대가 바뀌었습니다. 제 발로 찾아오는 고객은 눈에 띄게 줄었고 나의 경쟁 상대는 많아졌으며 열 명, 스무 명을 만나도 계약하기가 쉽지 않은 시장 상황이 됐습니다.

이런 상황을 돌파할 수 있는 방법이 과연 무엇일까요? 공격적으로 고객을 찾아 나서고, 많은 고객을 만나는 길밖에는 답이 없다고 생각합니다.

'확률세일즈'는 가장 공격적인 영업 방법입니다. 무조건 많이 만나는 것이 어찌 보면 단순 무식해 보이지만, 많이 만나야 니즈가 있는 고객을 만날 확률이 높아지기 때문에 가장 합리적인 방법이기도 합니다. 왜냐하면 니즈가 있는 고객을 대상으로 영업하는 것이 고객이 Yes를 할 수 있는 가장 최적의 상황이기 때문입니다.

또한 확률세일즈는 수많은 실패를 단시간에 경험함으로써 영업실력을 빠르게 키울 수 있는 방법입니다.

영업에서 성공하려면 말이 아닌 발이 재빨리 움직이는 사람이 되어야 합니다. '확률세일즈'를 몸에 익히면 생각보다 발이 더 먼저 움직이는 사람으로 바뀝니다. 그것이 지속될 때 영업 현장은 역동적이 될 것입니다.

보고 배우는 것은 중요합니다. 그러나 그것만으로는 인생이 바뀌지 않습니다. 배운 것을 내 것으로 만들기 위해 행동할 때 진정한 변화가 시작됩니다.

이제 고객을 찾아 나서야 할 때입니다. 바로 현장으로 가십시오. 그리고 현장에서 절대 몸을 빼지 마십시오. 머지않은 시간에 여러분의 꿈을 만나실 수 있을 겁니다.

언제나 여러분을 응원합니다 ^^*

CEO를 위한 경영철학 도서

마윈의 내부담화
마윈 회장이 알리바바 직원들에게 고하는 개혁의 메시지!

기업의 변화와 개혁은 어디에서 비롯될 수 있을까? 알리바바 그룹의 마윈 회장은 현재의 화려한 성공보다 이전에 저지른 수많은 실수와 실패 속에서 답을 찾아야 한다고 강조한다. 실패 없는 성공은 없다. 실수와 실패를 겪어본 사람만이 성공의 기회를 잡을 수 있다. 『마윈의 내부담화』는 마윈 회장이 알리바바 그룹 직원들에게 전하는 개혁의 메시지를 담고 있다. 무엇을 바꾸고, 어떤 변화를 모색해야 실수와 실패를 딛고 성공할 수 있는지를 말하고 있다. 오늘의 알리바바의 성공이 있기까지 마윈 회장의 정확한 상황 판단, 훌륭한 전략, 뛰어난 리더십, 그리고 강한 의지 단행을 엿볼 수 있는 책이다.

알리바바 그룹 지음 | 송은진 옮김 | 440쪽 | 신국판 | 값 18,000원

To. 스타트업
잘나가는 스타트업 창업자들의 희망 메시지

직장 생활에 신물이 나는가? 그래서 스스로 사장이 되고 싶은가? 이미 사업에 뛰어들었는가? 그렇다면 이제 『To. 스타트업』 책을 펼칠 차례다. 『To. 스타트업』은 자기 사업에 막 뛰어들었거나 이미 자기 사업으로 성공가도를 달리고 있는 패기 넘치는 창업자들의 진솔하고 열정적인 메시지를 담고 있다. 스타트업을 꿈꾸는 사람들에게 많은 창업자들의 조언은 든든한 친구가 되어 줄 것이다. 그들은 이미 산전수전을 다 겪으면서 스타트업으로서 성공하는 비결을 터득했기 때문이다. 『To. 스타트업』은 영국 및 유럽에서 맹활약하고 있는 스타트업 창업자들의 사업 노하우를 담고 있다. 온라인 액세서리 판매에서부터 생과일주스에 이르기까지, 각양각색의 사업 아이템은 물론 성공한 스타트업 창업자들의 생생한 성공 스토리를 들을 수 있다.

대니 베일리·앤드류 블랙먼 지음 | 340쪽 | 신국판 | 값 20,000원

세상을 바꾸는 사람들 퍼플피플 2.0
당신은 세상에 무엇을 남길 것인가?

일을 시작하기 전부터 가슴이 설레는 사람들, 일하는 동안에는 열정을 쏟을 수 있어 행복한 사람들, 자신이 좋아서 하는 일로 남들에게 기쁨을 나눠줄 수 있는 사람들…. 이런 사람들을 우리는 '퍼플피플'이라 부른다. 이 '퍼플피플'을 다시 조명하는 이유는 개인 역량을 발휘해 경제를 만들어내는 모든 사람들에게 관심을 가지고 그들을 존경할 수 있는 모멘텀을 만들기 위해서다. 김영세 회장의 삶의 철학과 경험, 그리고 디자인한 작품들이 이 세상 젊은이들과 신세대 창업자들에게 인생의 목표를 바로 세우고, '무'에서 '유'를 창조하고 '유'에서 '부'를 창조해 나눌 수 있다는 열정과 모티베이션이 되기를 기대한다. 비틀스는 우리가 여전히 즐기는 음악을 남겼고, 피카소는 그림을, 스티브 잡스는 애플을 남겼다. 당신은 무엇을 남길 것인가?

김영세 지음 | 284쪽 | 국배판 변형 | 값 22,000원

슈퍼 창업자들
이전에 없던 경험을 팔아라!

시대가 바뀌고 있다. 조선, 건설, 제철, 자동차, 석유화학 등 어제의 주력 산업들이 고전하는 중에 IT산업이 중심을 장악하는가 싶더니 요즘은 제약산업, 바이오산업, 화장품산업이 기세등등하다. 이런 국내외의 대전환기에는 거대한 위협과 함께 기회도 몰려온다. 어떻게 위험은 피하고 기회는 잡을 것인가. 이제는 이전에 없던 셀프 경험을 제공하고, 다르게 보는 창의력을 발휘하여 고양이처럼 유연한 인재를 갖추어야 성공할 수 있다. 이 책은 다양한 사례를 들어 후발 주자가 성장을 구가하고 약자가 승리를 만끽하는 비결을 제시하고 있다. 2개의 PART로 구성하여 각 꼭지는 비즈니스나 싸움에서의 혁신, 성경 속의 반전, 고양이형 인재의 특질에 대해 이야기한다. 이 책을 숙독하면 남다른 성과를 창출하게 하는 차별화 프로세스를 발굴해낼 수 있을 것이다.

김종춘 지음 | 364쪽 | 신국판 | 값 18,000원

손정의 참모
참모의 눈으로 바라본 손정의 기업가정신

영업이익 1조 엔을 달성하기까지 NTT는 창업 후 118년, 도요타는 65년이 걸린 데 비해 소프트뱅크는 불과 33년 밖에 걸리지 않았다. 이 책은 '풋내기 벤처 소프트뱅크'를 졸업하고 '어른스러운 소프트뱅크'가 되기까지 8년이 넘는 시간 동안 손정의 회장 옆에서 보좌를 하며 함께 질주해온 날들의 기록을 담았다. 손정의 회장의 비서실장이 옆에서 직접 경험하고 소통하고 실현했던 모습을 담았기 때문에 '300년 존속 기업'으로 키우겠다는 손정의 회장의 기업가정신과 리더십의 진면모를 볼 수 있을 것이다. 리더의 위치에 있거나 혹은 앞으로 리더가 될 독자분들에게 손정의 회장의 메시지를 전하여 조직의 미래를 장담하고 강한 결의로 사람을 이끄는 글로벌 리더가 되기를 기원한다.

시마 사토시 지음 | 정문주 옮김 | 468쪽 | 신국판 | 값 20,000원

결핍이 만든 성공
결핍을 극복한 세이펜 김철회 대표의 기업가정신

인생의 반전 드라마는 남보다 특별한 능력을 가지고 있는 사람이 만들어내는 게 아니다. 희망보단 절망과 좌절로 가득 찬 삶을 살았던 세이펜 김철회 대표는 부도가 나서 감옥까지 가게 되는 엄청난 실패 속에서도 남들보다 훨씬 더 많이 노력해야 한다는 절실한 마음가짐으로 주어진 역경을 극복했다. 세이펜을 개발해 커다란 성공을 이룬 후에는 자기 자신뿐만 아니라 주변 사람들과 성공을 나누고 기부하는 '나눔'을 실천하고 있다. 오늘보다는 내일 더 멋지게 성장하는 사람, 돈 많이 번 사람보다는 멋진 인생을 즐기는 사람, 교육 분야에서 왕성한 사업가로서 생명이 다하는 날까지 끊임없이 움직이며 활동하고 싶은 게 그의 꿈이다.

김철회 지음 | 292쪽 | 신국판 | 값 18,000원

화웨이의 위대한 늑대문화
화웨이의 놀라운 성공신화! 그 중심에 늑대문화가 있다!

지난 20여 년간 화웨이가 성공할 수 있었던 비결은 도대체 무엇일까? 어떻게 해서 계속 성공을 복제할 수 있었을까? 화웨이의 다음 행보는 무엇일까? 화웨이의 68세 상업사상가, 마흔을 넘긴 기업 전략가 10여 명, 2040세대 중심의 중간 관리자, 10만여 명에 달하는 2030세대 고급 엘리트와 지식인이 주축이 된 지식형 대군이 전 세계를 누빈다. 전통적인 기업 관리 이론과 경험은 대부분 비지식형 노동자 관리에서 비롯했다. 이제 인터넷 문화 확산이라는 심각한 도전 앞에서 지식형 노동자의 관리 이론과 방법이 필요하다. 이를 꿰뚫은 런정페이의 기업 관리 철학은 당대 관리학의 발전에 크게 이바지했다.

텐타오·우춘보 지음 | 이지은 옮김 | 452쪽 | 4×6배판 | 값 20,000원

조선부자 16인의 이야기
역사로 통찰하는 조선시대 부자 비결!

부를 축적하고 증식하기 위해서는 뚜렷한 목표가 있어야 한다. 돈을 버는 부자는 결코 결심이나 뜻으로 되는 것이 아니라 실행과 노력으로 이루어진다. 또한 부는 이루기도 어렵지만 지키기는 더 어렵다. 부가 완성되려면 축적, 증식, 분배의 세 요소가 어우러져 있어야 한다. 이 책에는 뜻을 세우고 실천하는 조선의 부자, 즉 자수성가한 부자들의 삶과 철학을 담았다. 이 책에 소개된 조선시대 부자 16인의 이야기를 바탕으로 옛 선인들의 철학과 삶의 지혜를 본받아 현시대 부의 철학을 다시 바로잡고, 역사 속 실존 인물들의 이야기를 통해 자신의 삶에 접목한다면 한국판 노블레스 오블리주를 실천할 수 있을 것이다.

이수광 지음 | 400쪽 | 신국판 | 값 18,000원

부의 얼굴, 신용
역사에서 통찰하는 선인들의 성공 비결, 신용 처세술!

무형의 재산으로 유형의 재산을 넘나드는 파급력을 지닌 '신용'. 대대손손 부를 부르는 사람들에게는 남과 다른 신용이 있었다. 역사소설의 대가 이수광 작가가 오랫동안 축적해온 방대한 역사적 지식에 신용을 접목한 이 책은 눈앞의 이익에 눈이 멀어 속임수를 쓰지 말라는 메시지와 함께 책임 있는 언행이 인격의 뿌리가 되어야 한다고 강조하고 있다. 현대를 사는 독자들이 구한말 조선 최고의 부자이자 무역왕으로 군림했던 '최봉준', 한나라의 전주 '무염' 등 역사 속 실존 인물들이 신용을 발판으로 성공한 이야기를 가슴에 담고 신용을 생활화함으로써 '인복人福'과 '부富'를 부르는 귀인貴人이 되기를 기원한다.

이수광 지음 | 352쪽 | 신국판 | 값 16,500원

대한민국 기업·병의원을 위한 컨설팅 도서

정인택의 **법인 컨설팅십**
자신에게 투자하고, 자신이 만나는 고객에게 투자해야 한다!

ING생명 정인택 명예상무는 법인 컨설팅 현장에서 ING생명 5년 연속 FC Champion을 수상하도록 해준 컨설팅 전략을 많은 기업인에게 전했고, 100년 이상 장수기업으로 기업을 승계하기 위한 솔루션을 제공하려 노력하였다. 또한 기업 전문 FC가 되고자 하는 많은 보험업계 동료 FC한테도 고객관리와 인맥관리를 통한 성과 창출에 대해 경험담을 전달하고 있다. 우리나라 중소·중견기업이 장수기업으로 성장하는 데 있어 CEO들이 최소한 상속세 문제로 회사 문을 닫는 일 없게 위험요인을 사전에 체크하고 대비하여 50년 이후 후손들이 건실하고 튼튼한 회사로 성장·발전할 수 있도록 보탬이 되고자 한다. 대한민국의 모든 파이낸셜 컨설턴트가 보험상품 판매가 아닌 진정한 CEO 컨설팅을 통해 중소·중견기업의 동반자가 되어주기를 기대한다.

정인택 지음 | 296쪽 | 신국판 | 값 17,500원

대한민국 CEO를 위한 **법인 컨설팅 1, 2**
CEO가 꼭 알아야 할 법인 컨설팅의 모든 것!

10년 가까이 현장에서 배우고 쌓은 저자의 노하우를 더 많은 고객과 공유함으로써 그들의 고민을 해결하기 위해 출간되었다. 2권으로 나누어진 이 책의 1권에는 기본 이론과 내용들이, 그리고 2권에는 구체적인 실행전략과 아이디어들이 담겨 있다. 증여, 지분 이전, 부동산 및 금융자산의 운용, 명의신탁, 가업승계, 인사노무관리 등 풍부한 현장 경험 사례를 통해 구체적인 전략을 제시함으로써 이제는 CEO들이 제대로 평가받고, 제대로 된 기업으로 성장시켜 지속기업으로 발전할 수 있도록 지원하고자 한다. 기업이 성장함에 따라 겪게 될 문제들을 미리 알고 철저히 대비한다면 세금 폭탄 같은 날벼락은 피해 갈 수 있을 것이다.

김종완 지음 | 1권 288쪽·2권 376쪽 | 신국판 | 각 권 20,000원

대한민국 창업자를 위한 **외식업 컨설팅**
글로벌다이닝그룹 이준혁 대표의 외식 창업의 모든 것!

삼성, 현대 등 대기업 외식사업팀을 이끌었고, 300여 점포 이상을 경영, 기획하며 30여 년간 오직 외식업 한길만 걸어온 저자는 외식업에 뛰어들어 좌절하는 창업자들의 고통에 함께 공감하고 조금이나마 구제하고 싶은 심정으로《대한민국 창업자를 위한 외식업 컨설팅》을 집필하였다. 이 책은 창업 준비부터 업종, 입지 선정, 인테리어, 마케팅, 종업원 관리, 상품 관리까지 창업 노하우와 반드시 알아야 할 정보를 구체적으로 다루고 있다. 또한 저자가 직접 컨설팅했던 업체의 실전 사례들과 문제점과 해결 방안도 제시하였다. 한 방에 성공하려는 대박 식당을 창출하기보다 폐업의 리스크를 줄이는 데 초점을 맞추었다.

이준혁 지음 | 268쪽 | 신국판 | 값 18,000원

기업가치를 높이는 **재무관리**
기업의 가치와 신용평가는 재무관리에서 비롯된다!

정보화 사회로 변화해가면서 신용사회라고 할 만큼 신용평가에 관한 관심이 점차 커지고 있다. 국가 신용등급의 등락이 그 나라의 채권가격뿐만 아니라 경제에도 많은 영향을 미치고, 기업에 대한 신용평가는 기업의 여신 규모와 금리에 영향을 주기 때문이다. 이 책은 산업현장에서 CEO와 자금담당 임원, 직원들이 경영활동을 하면서 겪게 되는 재무관리와 관련된 애로사항이나 궁금한 점을 다양한 사례를 바탕으로 쉽게 풀어놓았다. 또한 기업경영에 실질적으로 접목할 수 있도록 기업의 가치를 극대화하고 안정적인 성장기반을 갖춘 강한 기업으로 거듭날 수 있도록 스토리를 전개하였다.

이진욱 지음 | 416쪽 | 4×6배판 | 값 25,000원

New 병의원 만점세무
병의원의 성공은 세무 회계에 달려 있다!

병의원을 운영하면서 경영자들은 다른 부분은 철저하게 관리하지만 의외로 세금 문제에 부딪히게 되면 난항을 겪는다. 이 책은 병의원 경영자들의 세무 관련 고민을 가볍게 하는 데 조금이라도 도움을 주고자 한다. 개원 준비부터 세무조사, 세테크까지 병의원 운영에 필요한 전반의 세무 문제를 다루었으며, 각 챕터마다 합리적인 세무 관리를 위해 어떻게 해야 하는지 병의원의 사례를 들어 설명했다. 또한 해당 사례를 일러스트로 표현하여 좀 더 쉽게 이해할 수 있도록 돕고 있다.

세무법인 택스홈앤아웃 지음 | 404쪽 | 신국판 | 값 20,000원

New 상속·증여 만점세무
소중한 자산의 대물림, 합법적으로 절세하고 현명하게 대비하자!

상속세와 증여세는 사업을 하지 않는 사람도, 직업이 없는 실업자도 어느 정도 재산이 있는 사람이라면 누구나 해당되는 세금으로 우리 생활과 밀접하게 관련되어 있다. 수익이나 소득이 아닌 재산 가치를 기준으로 세금을 부과하기 때문에 납세자뿐만 아니라 예비납세자의 관심과 문의가 많은 세금이다. 세금과 별로 관계없이 지내는 사람들도 한 번쯤은 겪게 되는 사례들을 모아 상속세와 증여세 분야를 다루는 만큼 누구나 읽기 편하고 이해하기 쉽게 집필하였다. 이 책이 상속·증여와 관련된 세금에 의문이 있거나 미리 정보를 익혀 세금 문제에 대비하고자 하는 예비납세자에게 유용한 길잡이로 활용되고, 나아가 상속세와 증여세에 대한 인식을 새롭게 하고 정확하고 합리적으로 납세하는 데 큰 도움이 되기를 희망한다.

세무법인 택스홈앤아웃 지음 | 420쪽 | 신국판 | 값 22,000원

> **대한민국 국민을 위한 인생 컨설팅 도서**

오늘이 기회다
위기를 기회로 만드는 성공 메시지

적당히 살고 대충 살기에는 우리에게 주어진 삶이 너무 짧고 아깝다. 세상이 변하길 원하고 상대가 변하길 원하기 전에, 나의 부족함을 냉정하게 마주하고 남이 아닌 나를 변화시켜야 발전할 수 있다. 그래야 나만의 진정한 가치가 생기고, 자신과 싸울 수 있는 힘이 생기기 때문이다. 스포츠에서 싸워 이겨야 할 선수는 상대 선수가 아니라 바로 자기 자신인 것처럼, 자기 자신을 넘어서야 더 큰 발전을 이루어낼 수 있다. 과거의 내가 새로운 나를 탄생시키는 데 걸림돌이 되지 않게 과거의 나를 버리고 새로운 모습으로 거듭날 수 있도록 노력해야 한다. 자신의 꿈을 이루어 성공하고 싶은 사람들과 리더의 자질을 갖추고자 하는 사람들에게 세이펜 김철회 대표의 실천철학을 삶에 적용하여 성공의 길로 향하는 데 도움이 되기를 희망한다.

김철회 지음 | 276쪽 | 신국판 | 값 16,000원

킬링 리더 vs 힐링 리더
당신은 킬링 리더인가 힐링 리더인가?

저자는 기업에서 리더십과 관련해 많은 강의를 하면서 다양한 리더들과 만났다. 그런데 과거의 패러다임에 얽매여 조직을 위험에 빠뜨리면서도 정작 자신은 그 심각성을 인지하지 못하고 있는 킬링 리더들을 많이 보았다. 이 책에는 리더를 크게 '킬링 리더'와 '힐링 리더'의 2가지로 구분하고 스스로 힐링을 경험하여 리더에 이르는 '셀프 힐링', 최강의 팀으로 거듭나기 위한 '팀 힐링', 위대한 기업을 구현하게 만드는 '컬처 힐링' 등을 소개하고 있다. 또한, 다양한 사례를 통해 조직과 공동체의 발전을 위해 헌신하고 있는 리더들에게 현장에서 쉽게 이해하고 바로 적용해볼 수 있도록 방법을 제시하고 있다.

송수용 지음 | 284쪽 | 신국판 | 값 17,000원

백인천의 노력자애
한국 프로야구의 전설, 백인천의 리더십

한국 프로야구 불멸의 타율 4할, 백인천의 인생철학과 그가 새겨놓은 프로야구의 역사를 책 한 권에 담았다. 반평생을 오직 야구 인생으로 살아온 백인천의 발자취를 돌아본다. 야구와 건강 두 마리 토끼를 쟁취하기 위해 혹독한 훈련을 견뎌 불멸의 4할 타자, 백인천의 이름이 프로야구의 전설로 남아 있게 된 것이다. 이 책은 총 10장으로 구성되었으며 백인천 감독이 야구와 같은 인생을 살았듯 이 책의 콘셉트 역시 야구 경기처럼 1회 초부터 9회 말과 연장전 그리고 하이라이트 순으로 이어진다. 야구 프로에서 건강 프로가 되기까지 백인천 감독의 인생을 통해 독자 여러분도 인생의 진정한 프로로 거듭나기를 희망한다.

백인천 지음 | 388쪽 | 신국판 | 값 20,000원

논어로 리드하라
여성 리더로 성공을 꿈꾼다면 지금 당장 《논어》를 펼쳐라!

현대는 강하고 수직적인 남성적 리더십보다 감성적이고 관계지향적인 여성적 리더십을 요구하는 사회로 변화하고 있다. 이러한 변화를 입증하기라도 하듯 한국에서는 사상 최초로 여성 대통령이 탄생했다. 국제적으로는 미국 국무부장관 힐러리 클린턴, 세계적으로 영향력 있는 여성 방송인 오프라 윈프리, 독일의 메르켈 총리 등 수많은 여성 리더들이 있다. 따뜻한 리더십으로 무장한 여성 지도자들의 공통점은 인생에서 중요한 가치를 깨닫고 더 나은 자신이 되기 위해 철학책과 고전을 많이 읽으면서 내면을 수양했다는 것이다. 쉽게 풀어 쓴 논어를 가까이하여 더 많은 여성이 우리나라뿐 아니라 세계를 리드하기 바란다.

저우광위 지음 | 송은진 옮김 | 344쪽 | 신국판 | 값 18,000원

어둠의 딸, 태양 앞에 서다
초라한 들러리였던 삶을 행복한 주인공의 삶으로!

세계적인 베스트셀러 《시크릿》의 주인공 밥 프록터의 유일한 한국인 제자인 조성희의 첫 번째 에세이집. 스스로 어둠의 딸이었다고 할 정도로 어려운 환경에서 마인드 교육을 통해 변화한 저자의 진솔한 이야기가 담겨 있다. '어둠'을 '얼음'으로 역전시키는 그녀만의 마인드 파워는 고뇌에 찬 결단과 과감한 도전정신이 만들어낸 선물이다. 누구나 생각하는 대로 인생을 멋지게 살 수 있다. 어떻게 목표를 세우고, 어떤 생각을 하고, 무슨 꿈을 꾸느냐에 따라 인생은 달라진다. 꿈이 없어 짙은 어둠의 터널 속에서 절망을 먹고사는 사람들뿐만 아니라 심장이 뛰는 새로운 돌파구를 찾으려는 모든 사람이 중독될 수밖에 없는 필독서다.

조성희 지음 | 404쪽 | 신국판 | 값 18,900원

나만 나처럼 살 수 있다
이제 나는 말한다, '나만 나처럼 살 수 있다'고

누구나 살면서 두 번, 세 번, 아니 수도 없이 쓰러진다. 이때 가장 필요한 것은 다시 일어설 수 있는 힘이다. 그런데 안타까운 것은 많은 사람이 이 힘을 보지 못한다는 점이다. 털어버릴 힘, 자신감, 자존감, 긍정적 가치관, 공동체를 지향하는 신념, 자아 정체성, 나를 조절할 수 있는 힘, 타인과의 소통이 세상을 살아가는 힘이다. 세상의 기준으로 보면 내세울 것 없는 사람이라도 '내 안의 행복'을 찾으면 '나답게' 살 수 있다. 이 한 권의 책이 누군가에게 꼭 필요한 지침서가 되고, 영혼까지 깊이 웃게 해주는 삶의 돌파구가 되기를 희망한다.

이요셉·김채송화 지음 | 357쪽 | 신국판 | 18,000원

황태옥의 행복 콘서트 웃어라!
웃음 컨설턴트 황태옥의 행복 메시지, 세상을 향해 웃어라!

웃음 전도사로 유명한 저자가 지난 10년간 웃음으로 어떻게 인생을 다시 살게 되었는지 진솔하게 풀어낸 책이다. 암을 극복하고 웃음과 긍정 에너지로 달라진 그녀의 삶을 보면서 함께 변화를 추구한 주변 사람들의 사례는 물론 10년간의 삶의 흔적이 고스란히 담겨 있다. 독자들이 이 책을 읽고 삶을 업그레이드해 생활 속에서 행복 콘서트의 주인공이 될 수 있는 힘을 얻기를 희망한다. 또한 웃음을 통해 저자를 능가하는 변화된 삶을 살기를 바란다. "한번 웃으면 한 번 젊어지고 한 번 화내면 한 번 늙는다—笑—少—怒—老"는 말이 있듯이 행복지수를 높여 삶을 춤추게 하고 싶다면 바로 지금 세상을 향해 웃어라!

황태옥 지음 | 260쪽 | 신국판 | 값 17,500원

니들이 결혼을 알어?
결혼이라는 바다엔 수영을 배운 후 뛰어들어라!

결혼은 액션이다! 아무런 행동도 하지 않고 막연히 앉아서 행복하길 기다리는 사람들의 결혼은 그 자체로 불행한 일이다. 이 책은 이병준 심리상담학 박사와 그의 아내이자 참행복교육원에서 활동하고 있는 공동 저자 박희진 실장이 상담현장에서 접한 생생한 사례를 토대로 하고 있다. 기혼자들과 결혼 판타지에 빠진 청춘에게 '꼭 해주고 싶은 말'을 읽기 쉬운 스토리 형식으로 담았다. 대부분 경고 수준의 문구지만 결혼식 준비는 철저하게 하면서 결혼 준비는 소홀히하는 이들에게 결혼의 중요성을 일깨워준다. 늘 머리에 '살아? 말아?'를 넣어두고 살아가는 이들에게 '까짓 살아보지 뭐!'라며 툴툴 털고 일어서게 하는 힘을 줄 것이다.

이병준·박희진 지음 | 380쪽 | 신국판 | 값 18,000원

성과를 지배하는 도서

성과를 지배하는 바인더의힘
남과 다른 성공을 꿈꾼다면 삶을 기록하라!

프로가 되려면 성과가 있어야 하고, 성과를 내려면 프로세스를 강화해야 한다. '시스템'과 '훈련'을 동시에 만족시키는 탁월한 자기관리 시스템 다이어리 3P 바인더의 비밀을 전격 공개한다. 바인더는 훌륭한 개인 시스템이자 조직 시스템이다. 모든 조직원이 바인더를 사용한다면 정보와 노하우를 손쉽게 공유할 수 있다. 바인더와 책, 세미나를 통해 기적 같은 변화를 체험한 많은 사람의 실례를 소개하여 바인더를 좀 더 활용하기 쉽게 만들었다. 저자는 20여 년간 500여 권의 서브바인더를 만들면서 기록관리, 목표관리, 시간관리, 업무관리, 지식관리, 독서경영 등을 실천함으로써 성과를 지배해온 스페셜리스트다.

강규형 지음 | 신국판 | 342쪽 | 값 16,000원

성과를 지배하는 **스토리 마케팅의 힘**

마케팅의 성공 비결은 스토리와 공감이다!

세상이 하루가 다르게 변화하고 있고 고객의 마음도 초 단위로 바뀌고 있다. 누가 한 분야에서 성공했다 하면 모방하는 이들이 빠르게 나타나 순식간에 시장을 나눠 가진다. 우리가 사는 21세기의 현실이 이렇다. 기술이 좋고 제품이 훌륭한데도 매출로 연결하지 못하는 기업들의 결정적인 맹점은 '스토리'가 부족하다는 것이다. 이제는 기술과 제품을 뽐내기만 할 것이 아니라 고객의 마음부터 들여다보아야 한다. 수시로 변하는 고객의 마음을 휘어잡는 열쇠, 마케팅! 그 근간에는 자신만의, 자사만의 스토리가 있어야 한다. 이 책이 전하는 스토리 마케팅을 활용한다면 두꺼운 충성 고객층과 함께 꾸준한 성과를 창출할 수 있을 것이다.

조세현 지음 | 360쪽 | 신국판 | 값 20,000원

성과를 지배하는 **유통 마케팅의 힘**

한 권으로 배우는 대한민국 유통 마케팅의 모든 것!

상품이 만들어져 소비자에게 오기까지는 많은 사람의 수고가 필요하다. 그러나 중간에서 징검다리 역할을 해주는 유통업자가 없다면 이 사회는 제대로 돌아가지 못한다. 소비문화가 제대로 정착되려면 유통시장을 전체적으로 확실하게 이해하는 사람이 있어야 한다. 이 책에는 저자가 20여 년간 유통업계 현장에서 발로 뛰며 얻은 소중한 경험을 담았다. 다방면에 걸친 유통 영업의 노하우, 유통 마케팅 비법뿐 아니라 유통시장의 전체적인 틀을 제시하였다. 공공기관 입찰에 필요한 나라장터 사용법은 물론 직접 거래해보지 않으면 알 수 없는 유통사별 상품 제안서 사용법까지 다양하게 소개하고 있다.

양승식 지음 | 344쪽 | 4×6배판 | 값 20,000원

미래 인사이트 도서

거대한 기회

창조 지능 리더십을 선사할 '거대한 기회'를 잡아라!

세상이 짧은 시간에 급격하게 변하고 있다. 난공불락의 요새도 없고 절대적 강자도 없다. 이러한 시대에 살아남으려면 유연하게 변화하고 창조해야 한다. 현대의 리더는 변화의 큰 흐름을 읽고 거기서 기회를 포착해야 한다. 불꽃이 아니라 불길을 보아야 하고, 물결이 아니라 물살을 보아야 한다. 이 책은 리더들에게 시대의 흐름을 한눈에 보여주고자 불확실한 미래에 접근하는 방법을 다양하게 제시하고 있다. 남보다 더 넓게 보는 안목을 키우고 패러다임을 자기만의 방식으로 삶과 비즈니스에 접목함으로써 더욱 큰 사회공동체와 인류공동체를 위해 공헌하는 창조의 마스터가 되어보자.

김종춘 지음 | 316쪽 | 신국판 | 값 18,500원

잡job아라 **미래직업 100**

변화 속 거대한 미래직업의 흐름을 주시하라!

미래에는 로봇 혁명을 통해 전혀 새로운 일자리와 노동 시장이 만들어질 전망이다. 인간을 채용하는 대신 새로 개발된 기계를 활용하고 3D 프린팅, 무인차, 무인기, 사물인터넷, 빅데이터 등 시대의 패러다임을 바꿀 기술들이 노동 시장을 뒤흔들 것이다. 이 책은 이러한 문제점에 접근하기 위해 미래 노동 시장과 일자리를 끊임없이 추적한 성과물인 100가지의 미래 유망 직업에 대해 서술하고 있다. 건강하고 안전한 미래, 편리하고 스마트한 미래, 상상이 현실이 되는 미래, 지속성이 보장되는 미래 이렇게 총 4챕터로 이루어져 있고 짧은 글들로 짜였지만 미래 노동 시장과 산업 전반에 대한 내용과 통찰력이 압축돼 있다.

곽동훈·김지현·박승호·박희애·배진영 지음 | 444쪽 | 신국판 | 값 25,000원

건강·의학 도서

아무도 말해주지 않는 **척추 이야기**
척추 전문의가 들려주는 척추에 대한 허와 실

척추 질환하면 대부분 퇴행성으로 나타나는 노인성 질환을 먼저 떠올리게 되지만, 현대 사회에서는 젊은 층에서도 척추질환 환자가 급증하고 있는 추세이다. 평소 잘못된 자세와 생활습관이 척추질환을 일으키는 원인이기 때문이다. 이 책은 보건복지부 의료기관 인증을 획득한 더조은병원 도은식 원장의 경영철학과 30여 년의 노하우, 우리가 알고 있던 척추건강에 대한 오해와 진실, 척추건강에 도움이 되는 운동법을 담고 있다. 이 책을 통해 오늘도 환자의 건강을 위해 고민하는 의사들의 노력이 있다는 것을 일깨워주고, 모든 사람들이 올바른 병원 선택으로 누구나 자신의 질환을 정확히 진단받고 치료받을 수 있기를 희망한다.

도은식 지음 | 252쪽 | 신국판 | 값 20,000원

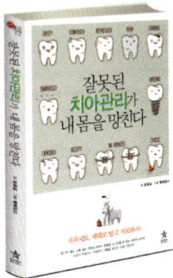

잘못된 치아관리가 **내 몸을 망친다**
치과의사가 알려주는 치아 상식과 치과 치료의 오해와 진실!

치아는 잠자리에서 일어나는 아침부터 잠자리에 드는 저녁까지 모든 음식을 맛보는 즐거움을 우리에게 선사한다. 오복의 한 가지라 할 만큼 치아건강은 인간의 행복에 큰 영향을 미친다. 이 책에서 치과의사인 저자는 일상생활에서 지켜야 할 치아건강 관리법은 물론 상세한 치과 진료 과정, 치과 진료에서 궁금했던 점을 들려준다. 또한 잘못된 치아관리가 내 몸을 망칠 수 있으므로 제대로 알고 제대로 치료해야 건강한 치아를 간직할 수 있다고 강조한다. 이 책에는 치아 전문 일러스트레이터들이 그린 생생한 일러스트를 실어 치료 과정을 쉽게 이해할 수 있도록 했다. 다양한 증상에 어떻게 대처해야 하는지 알려주는 유용한 책이다.

윤종일 지음 | 312쪽 | 4×6배판 | 값 20,000원

굿바이, 스트레스
만성피로 전문클리닉 이동환 원장의 속 시원한 처방전!

대부분의 사람들은 흔히 스트레스라고 하면 부정적인 인식이 앞서 '나쁜 스트레스'만 떠올린다. 많은 현대인이 과도한 스트레스 때문에 힘들어하고 심한 경우 신체 질병까지 얻게 된다. 하지만 우리가 보편적으로 인식하고 있는 스트레스의 부정적인 이미지와는 달리 적절한 스트레스는 오히려 삶에 동기부여를 해줄 뿐 아니라 자극제가 되기도 한다. 저자는 스트레스를 무조건 줄이라고 하지 않는다. 오히려 스트레스를 적절히 관리해서 성과와 연결하는 방법을 소개한다. 계속되는 스트레스에 매몰되어 헤매는 것이 아니라 긍정적인 마음의 근육을 키워 스트레스를 통해 새로운 에너지를 얻음으로써 성과까지 창출하는 비법을 배워보자.

이동환 지음 | 260쪽 | 4×6배판 | 값 18,000원

취미·기타 도서

그리운 조선 여인 **사임당**
천재화가 사임당의 예술혼과 불꽃같은 사랑!
그녀의 흔적을 찾아가다 보면 아름다운 여인을 오롯이 만나게 된다!

북평 마을 천재 소녀 신인선, 조선 여류 화가 신사임당. 신사임당은 현모양처로 널리 알려져 있지만 실제로 그 행적은 자세히 남아 있지 않다. 후대에 전하는 시 몇 편과 글씨 그리고 그림 몇 폭이 전부이다. 율곡 이이의 어머니로 널리 알려져 있으나 시인이며 화가인 예술가에 더 가깝다. 16세기 조선시대 최고의 여류 화가라고 해도 과언이 아니다. 시와 그림으로 일가를 이룬 한 여인 '사임당'의 5백 년 흔적. 신사임당이 보여주는 열아홉, 혼인, 그리고 여자의 일생, 조선 풍경과 예술을 풀어 쓴 책이다. 현모양처이자 자유로운 예술가의 영혼을 갖고 있는 조선 여인 사임당이 모든 여성들이 자유를 꿈꾸는 현 시대의 진정한 롤 모델이 될 것이다.

이수광 지음 | 328쪽 | 신국판 | 값 15,000원

위대한 개츠비
20세기 영미문학 최고의 걸작!

1974년에 이어 2013년 또다시 영화화되어 화제를 불러일으킨 《위대한 개츠비》는 미국인이 가장 좋아하는 대표적 소설이다. 작품 배경이 되는 시기는 제1차 세계대전 직후, 이른바 '재즈 시대'라고 불리는 1920년대다. 급격한 산업화와 전쟁의 승리로 풍요로워진 시대에 전쟁의 참화를 직간접적으로 경험한 젊은이들의 다양한 삶의 모습을 매우 섬세한 필치로 풀어낸 작품이다. 소설 속 주인공 개츠비는 젊은 시절의 순수한 사랑을 이루려고 자신을 내던진다. 아메리칸드림을 이룬 그의 머릿속에는 부의 유혹에 넘어간 사랑하는 여인 데이지를 되찾으려는 생각밖에 없다. 그러나 현실은 그의 꿈을 용납하지 않는데….

F. 스콧 피츠제럴드 지음 | 표상우 옮김 | 316쪽 | 4×6판 | 값 12,000원

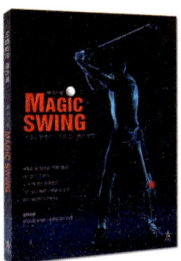

마법같은 레슨북 **매직스윙**
좀처럼 골프가 늘지 않는다면 매직스윙하라!

프로든 아마추어든 골프를 시작한 나이, 체형, 성별 등에 따라 스윙법이 각각이지만 각 골퍼들의 스윙 문제는 비슷하기 마련이다. 이런 문제 해결을 위해 이병용 프로가 만든 '매직스윙'은 쉽고 간단하면서 효과도 빨라 수많은 유명 연예인, 기업체 CEO들을 반하게 했다. 이병용 프로는 더 많은 사람에게 매직스윙이 담긴 독자적인 레슨 이론을 소개하기 위해 책을 펴냈다. 좀처럼 골프 실력이 늘지 않아 고민 중인 사람에게 이 책은 마치 직접 개인레슨을 받는 것과 같은 놀라운 경험을 선사할 것이다. 모두 골프의 매력에 빠질 준비를 해보자.

이병용 지음 | 208쪽 | 국배판 | 값 35,000원

뭐가 다를까 시리즈

어느 현장에서든 많은 사람 중에 반짝반짝 빛나는 한 사람이 있다. 어떻게 하면 나도 그런 사람이 될 수 있을까? 그것은 조그만 노력에서부터 시작된다.
〈뭐가 다를까〉 시리즈는 성공하는 리더의 차이점을 알려준다. 성공한 리더가 말하는 50가지 키워드를 실천해보자. 당신도 반짝반짝 빛날 수 있다!

뭐가 다를까 1
돈 버는 사장 못 버는 사장
돈 버는 사장에겐 공통점이 있다!

돈을 못 버는 이유를 불경기 탓으로 돌리지 않았는가? 이윤을 추구하기보다는 더불어 사는 사회를 만들기 위해 조금만 벌고 있다고 둘러대진 않았는가? 기업의 목적은 이윤 창출이다. 사장은 본인의 회사와 사원들을 위해 돈을 많이 벌 수 있는 시스템을 만들어야 한다. 이 책은 돈 버는 사장이 될 수 있는 습관을 총 6장으로 분류하고, 돈 버는 사장과 못 버는 사장의 특징을 담은 50개의 키워드로 정리하였다. 현재 자신의 실수나 오류를 스스로 점검하고 돈 버는 사장으로 변화할 수 있는 방법을 쉽게 이해할 수 있도록 일러스트를 포함한 구성으로 명쾌하게 제시한다.

우에노 미쓰오 지음 | 정지영 옮김 | 김광열 감수 | 260쪽 | 신국판 | 값 17,000원

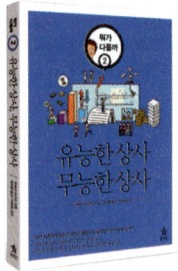

뭐가 다를까 2
유능한 상사 무능한 상사

회사생활을 계속 하다보면 누구나 그 위치에 맞게 행동해야 한다. 언제까지나 신입의 위치에 머물지 않고, 그 회사의 팀과 나아가 회사를 이끄는 리더, 즉 상사가 될 것이기 때문이다. 이렇게 상사라는 입장이 되면 마땅히 상사로서의 역할이 요구되지만 그때까지의 입장에서 보고 듣고 알고 있던 것과 실제로 상사가 되어 할 수 있는 일에는 커다란 격차가 있다. 그렇기 때문에 유능한 상사가 되려는 사람은 많은 이들에게 필요한 것과 상사의 의사결정 방법, 매니지먼트 공부 방법 등을 공부하며 지혜를 얻어야 한다. 현재 회사를 리드하는 대표님들과 임원들, 그리고 중간 관리자들과 앞으로 리더가 되어 그 길을 나아가고자 하는 모든 분들께 이 책이 주는 7가지의 메시지를 전하여 유능한 리더로 성장하는 데 도움이 되기를 바란다.

무로이 도시오 지음 | 정지영 옮김 | 이혜숙 감수 | 260쪽 | 신국판 | 값 17,000원

뭐가 다를까 3
일등 영업맨 꼴등 영업맨

일등 영업맨에겐 공통점이 있다. 그것은 '고객의 마음'을 헤아리는 사소한 습관이다.

영업 사원에게는 매월 할당량이 부과되지만 영업 실적은 저금할 수 없다. 새로운 달이 되면 영업 사원은 제로에서 시작한다. 과거에 훌륭한 실적을 남겼다고 해도 새로운 달이 된 순간 계약을 따지 못하면 과거에만 뛰어났던 사람이 되고, 과거에 실적이 엉망이었다고 해도 성과를 내게 되면 당신은 회사의 영웅이 될 수 있다. 영업의 좋은 점은 언제나 역전할 가능성이 있다는 것이다. 이 책에서 소개한 키워드 하나하나는 매우 사소한 것일지도 모른다. 그러나 그 사소한 것을 바꾸면 성공의 레이스가 시작된다. 작은 성공이 또 작은 성공을 부르고 시간이 지나면 어느새 무능한 영업맨에서 탈피하여 일등 영업맨이 되어 있을 것이다.

기쿠하라 도모아키 지음 | 정지영 옮김 | 정원옥 감수 | 260쪽 | 신국판 | 값 17,000원

뭐가 다를까 4
목표를 달성하는 사람 못 하는 사람

목표를 달성하는 사람은 생각하는 방식부터 다르다!

누구나 어떤 일을 할 때는 자신만의 목표를 세우지만 모두가 그 목표를 달성하는 것은 아니다. 실패를 하거나 한참 못 미치는 결과를 내기도 한다. 결과가 좋지 않을 때는 원인을 분석하는 과정이 필요한데 대개는 두루뭉술하게 평가하고 넘어간다. 하지만 다음 목표 달성을 위해서는 체계적인 점검과 반성이 필요하다. 목표에 도달해 성과를 내는 사람들에게는 남다른 행동철학과 실천지침이 있게 마련이며 그들만의 노하우가 있다. 이 책은 목표 달성의 노하우를 '사고방식의 변화 – 목표 설정 – 계획과 행동 – 시간 관리 – 인간관계와 커뮤니케이션 – 협력 요청 – 문제 해결과 실패 극복'이라는 7대 전략으로 정리하여 제시했다. 이 전략을 차례차례 달성하다보면 목표에 도달하는 밑거름이 될 수 있다. 우선 자신의 자질에 맞춰 목표를 세우고, 첫 목표 달성에 성공하면 차츰 목표를 높인다. 이에 필요한 사고방식과 습관을 익히면 당신도 목표를 달성하는 사람이 될 수 있다.

시마즈 요시노리 지음 | 정지영 옮김 | 이혜숙 감수 | 262쪽 | 신국판 | 값 17,000원

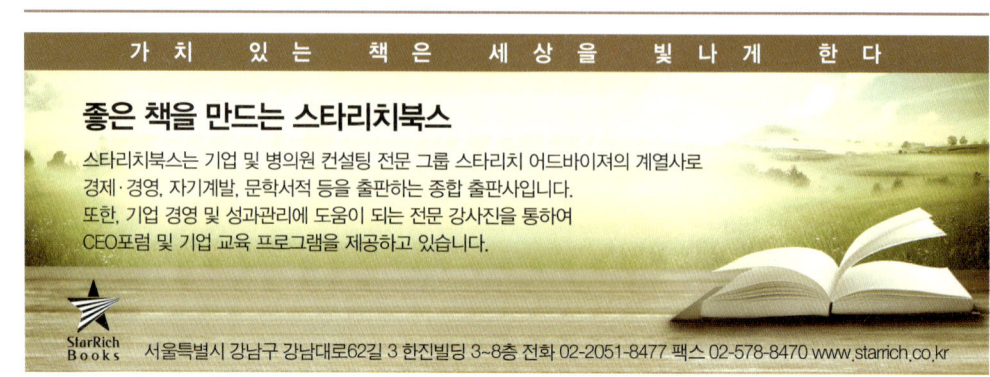

가 치 있 는 책 은 세 상 을 빛 나 게 한 다

좋은 책을 만드는 스타리치북스

스타리치북스는 기업 및 병의원 컨설팅 전문 그룹 스타리치 어드바이저의 계열사로 경제·경영, 자기계발, 문학서적 등을 출판하는 종합 출판사입니다.
또한, 기업 경영 및 성과관리에 도움이 되는 전문 강사진을 통하여
CEO포럼 및 기업 교육 프로그램을 제공하고 있습니다.

StarRich Books 서울특별시 강남구 강남대로62길 3 한진빌딩 3~8층 전화 02-2051-8477 팩스 02-578-8470 www.starrich.co.kr

기업과 병·의원의 성장과 연속성을 위한 컨설팅 전문 그룹
스타리치 어드바이져

- 전문가 자문 그룹 플랫폼 제공
- 전자신문 기업성장지원센터 운영
- 직원 성과 극대화를 위한 교육 프로그램 운영
- 스타리치 어드바이져 Gift Book 서비스
- 조세일보 기업지원센터 운영
- 기업문화 창출을 위한 교육 프로그램 운영
- 스타리치 CEO 기업가정신 플랜
- 김영세의 기업가정신 콘서트 주최

StarRich Advisor / StarRich Books

전자신문
기업성장지원센터

기업과 병·의원의 체계적인 성장을 위한 전문 컨설팅 지원센터

창업주의 경영 노하우와 철학을 제대로 계승하고 기업의 DNA와 핵심가치를 유지하는 질적 성장의 힘!
전자신문 기업성장지원센터는 100년 기업을 위한 CEO 경영철학 계승 전략을 지원하겠습니다.

기업의 규모를 키우기만 해서는
장수기업의 대열에 합류하기 어렵습니다!

전자신문 | **기업성장지원센터** 서울시 강남구 역삼동 837-9 한진빌딩 5층 전화 02-6969-8925 / www.ceospirit.etnews.com

100년 기업을 위한 CEO의 경영철학 계승 전략
CEO 기업가정신 플랜

– 자서전·전문서적·자기계발서·사사 등 –

 문의) 스타리치 어드바이져 & 북스 02) 6969-8903 / starrichbooks@starrich.co.kr

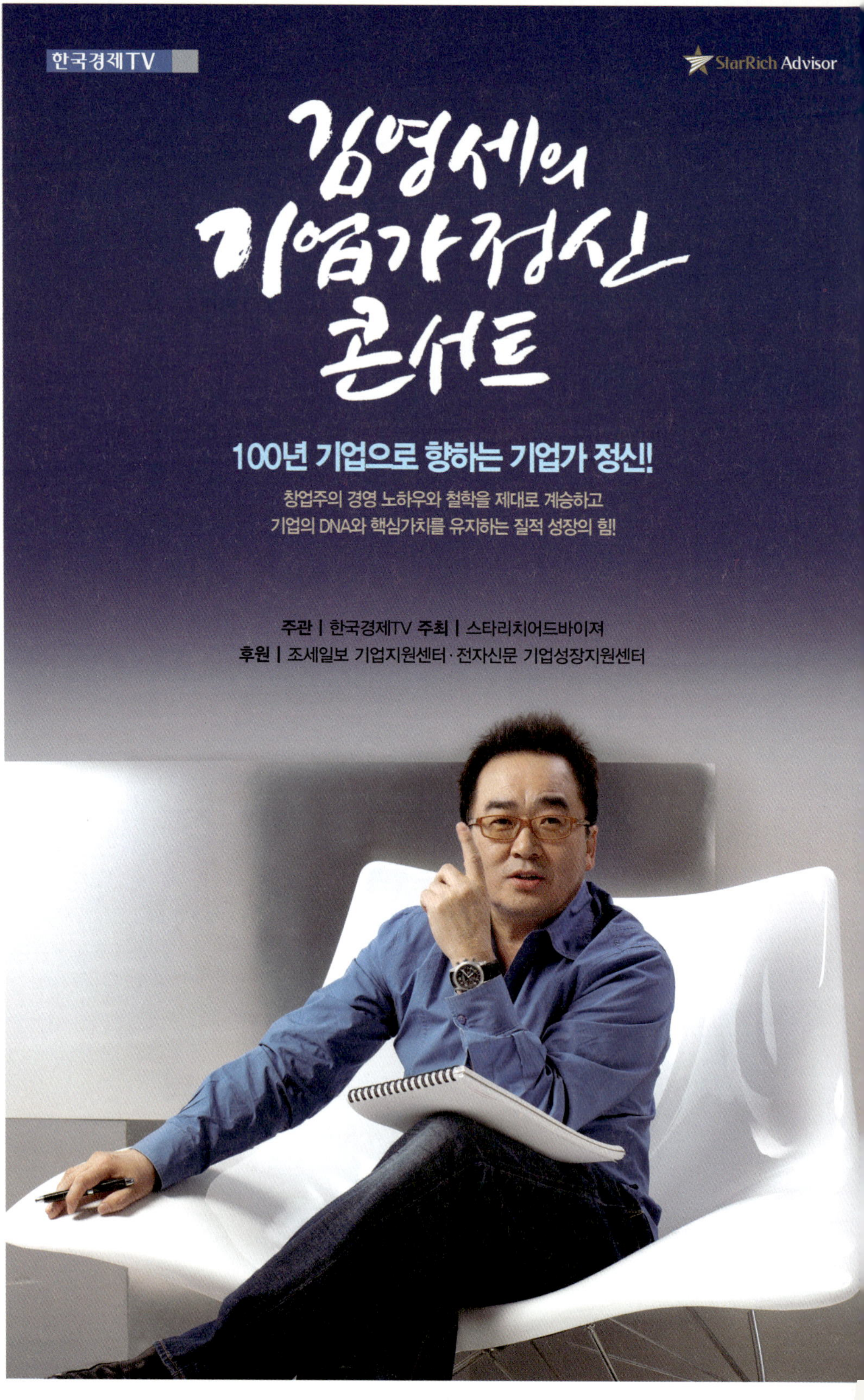

한국경제TV

김영세의 기업가정신 콘서트

100년 기업으로 향하는 기업가 정신!

창업주의 경영 노하우와 철학을 제대로 계승하고
기업의 DNA와 핵심가치를 유지하는 질적 성장의 힘!

주관 | 한국경제TV **주최** | 스타리치어드바이져
후원 | 조세일보 기업지원센터 · 전자신문 기업성장지원센터

스타리치 패밀리 회원 가입 안내

스타리치 패밀리 회원이란?

하나의 아이디로 스타리치에서 운영하는 사이트(스타리치 어드바이져, 스타리치북스, 스타리치몰, 스타리치 잉글리시 등)와의 모든 거래 및 서비스 이용을 편리하고 안전하게 사용할 수 있는 스타리치 통합 회원제 서비스입니다.

스타리치 패밀리 회원혜택

- 스타리치몰에서 사용 가능한 적립 포인트(도서 정가의 5%) 제공
- 스타리치북스에서 주최하는 북콘서트 사전 초대
- 스타리치북스 신간 도서 메일 서비스 제공
- 스타리치 어드바이져/북스에서 주최하는 포럼 및 세미나 정보 제공
- 스타리치 어드바이져에서 제공하는 재무 관련 정보 제공

스타리치 패밀리 등록 방법

① 스타리치 패밀리 회원 가입서를 작성하고 개인정보 사용 동의서에 확인 서명하시면 됩니다.
② 스타리치 패밀리 회원 가입서와 개인정보 사용 동의서(뒷 페이지 표시 부분)을 모바일이나 카메라로 촬영하여 이메일이나 모바일 메시지로 전송하시면 됩니다.

보내실 이메일 주소 : starrichbooks@starrich.co.kr
모바일 메시지 전화 : 010-5150-8477

이 페이지를 촬영해서 이메일이나 모바일 메시지로 보내주세요

스타리치 패밀리 회원 등록 기존 스타리치 패밀리 회원일 경우 등록된 ID를 기재 부탁드립니다.
본 도서의 정가 5%를 적립해 드립니다.

이름		연락처	
주소		생년월일	
이메일 주소		구매 도서명	영업의 태풍을 만드는 확률세일즈
패밀리 회원 ID		소속 (회사 / 학교)	

사용하실 패밀리 회원 ID를 적어주시면 임시 비밀번호를 문자로 발송해드립니다.

개인정보 사용 동의서

스타리치 패밀리 홈페이지는 수집한 개인정보를 다음의 목적을 위해 활용합니다. 이용자가 제공한 모든 정보는 하기 목적에 필요한 용도 이외로는 사용되지 않으며, 이용 목적이 변경될 시에는 사전동의를 구할 것입니다.

1) 회원관리
① 회원제 서비스 이용 및 제한적 본인 확인제에 따른 본인확인, 개인 식별
② 불량회원의 부정 이용방지와 비인가 사용방지
③ 가입의사 확인, 가입 및 가입횟수 제한
④ 분쟁 조정을 위한 기록보존, 불만처리 등 민원처리, 고지사항 전달

2) 신규 서비스 개발 및 마케팅 · 광고에의 활용
① 신규 서비스 개발 및 맞춤 서비스 제공
② 통계학적 특성에 따른 서비스 제공 및 광고 게재, 서비스의 유효성 확인
③ 이벤트 및 광고성 정보 제공 및 참여기회 제공
④ 접속빈도 파악 등에 대한 통계

상위 내용에 동의합니다.

　　　　　　　　　　　　　　　년　　월　　일　　서명　　　　　　　　(인)

스타리치 패밀리 회원 비밀번호 변경은 www.starrichmall.co.kr 에서 하실 수 있습니다.
엽서를 보내주시는 분들에 한하여 스타리치몰에서 사용 가능한 포인트(도서 정가의 5%)를 지급해 드립니다.
앞으로 더욱 다양한 혜택을 드리고자 노력하는 스타리치가 되겠습니다. **문의** 02-6969-8903 starrichbooks@starrich.co.kr

(주)스타리치 어드바이져 개인 재무 및 보장 분석 컨설팅 신청 동의서

(주)스타리치 어드바이져는 기업과 병·의원을 위한 전문 컨설팅 그룹입니다. 계열사인 (주)스타리치북스 독자들을 위해 그동안 축적된 노하우를 바탕으로 개인 재무 및 보장 분석 컨설팅 서비스를 시작합니다.

(주)스타리치 어드바이져의 개인 재무 및 보장 분석 컨설팅 서비스를 신청하시는 회원님께는 (주)스타리치북스 발간 도서 중 원하시는 도서 1권을 선물로 보내드립니다.

본인은 (주)스타리치 어드바이져의 개인 재무 및 보장 분석 컨설팅 서비스를 신청합니다.

　　예 ☐　　아니오 ☐　　희망 도서명 _____

　　　　　　　　　　　　　　년　　월　　일　　서명 _____ (인)